AF474265

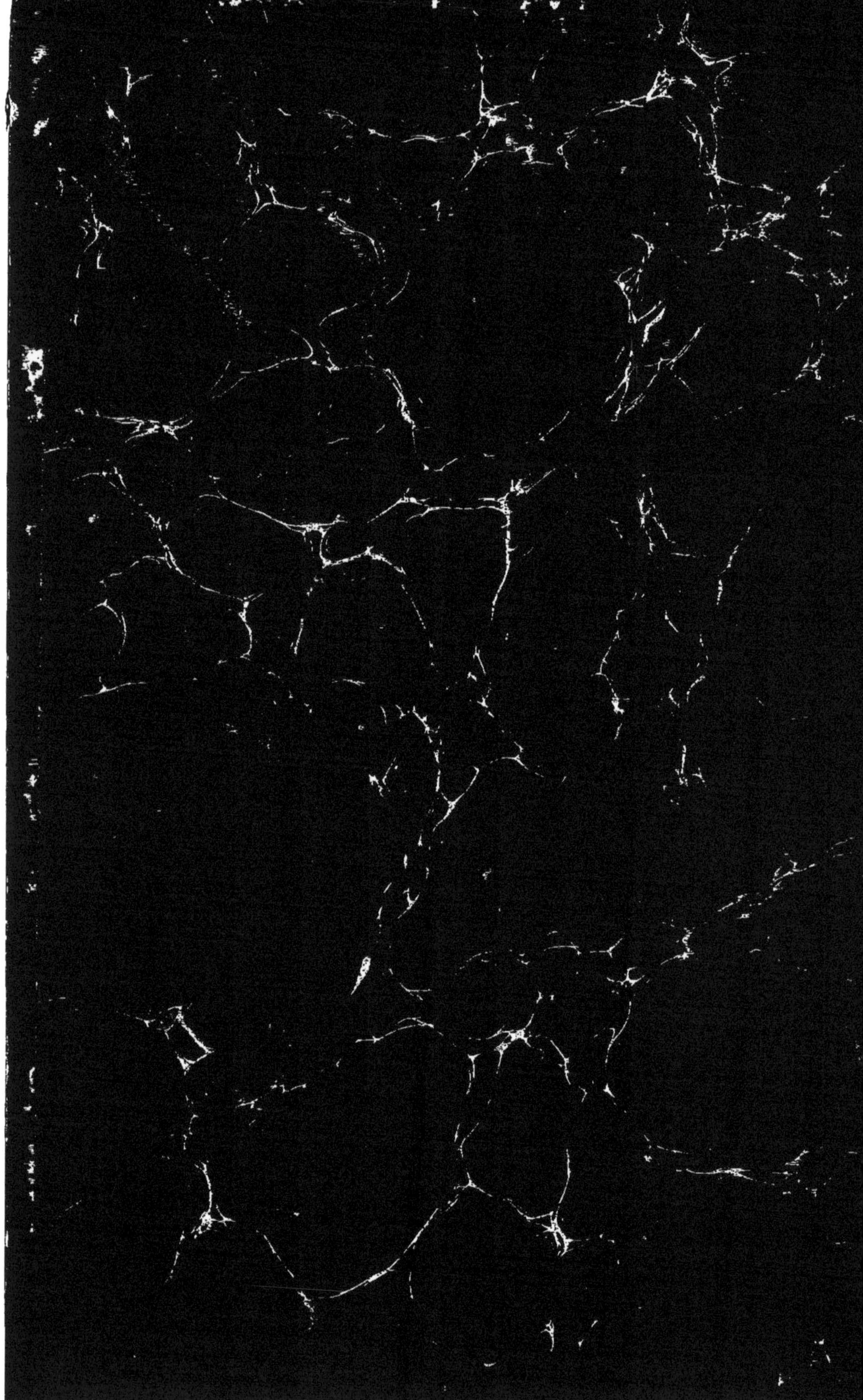

A. CHALAMET

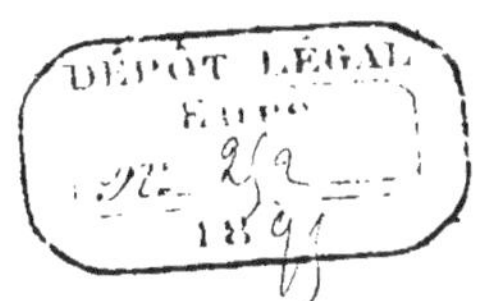

Guerres de Napoléon

(1800-1807)

RACONTÉES

PAR DES TÉMOINS OCULAIRES

OUVRAGE

illustré d'après les documents de l'époque

PARIS

FIRMIN-DIDOT ET CIE

56, rue Jacob

GUERRES DE NAPOLÉON

(1800-1807)

DIXIÈME SÉRIE. — Format in-8° ill.

TYPOGRAPHIE FIRMIN-DIDOT ET Cie. — MESNIL (EURE).

Fig. 1. — Le Premier Consul, par David.
Phot. Braun, Clément et Cie.

A. CHALAMET

PROFESSEUR D'HISTOIRE AU LYCÉE LAKANAL

GUERRES DE NAPOLÉON

(1800-1807)

RACONTÉES PAR DES TÉMOINS OCULAIRES :

GÉNÉRAL BIGARRÉ. — GÉNÉRAL BOULART. — CHEVALIER BOURDON. — CANONNIER BRICARD.
BUGEAUD. — CAPITAINE COIGNET. — PAUL-LOUIS COURIER. — GÉNÉRAL CURÉLY.
DAVOUT. — GÉNÉRAL DELLARD. — DUC DE FEZENSAC. — GOUVION SAINT-CYR. — GROUCHY.
BARON HULOT. — UN JEUNE ABBÉ SOLDAT DE LA RÉPUBLIQUE. — GÉNÉRAL LECLERC.
MARMONT. — MARBOT. — MASSÉNA.
MOREAU DE JONNÈS. — PARQUIN. — GRENADIER PETIT. — PION DES LOCHES.
SAINT-AUBIN. — SAVARY, DUC DE ROVIGO. — COLONEL SÉRUZIER.
BARON THIÉBAULT. — COLONEL VIGO-ROUSSILLON, ETC.

OUVRAGE ILLUSTRÉ DE 47 GRAVURES

D'APRÈS LES DOCUMENTS DE L'ÉPOQUE ET LES MONUMENTS DE L'ART

PARIS

LIBRAIRIE DE FIRMIN-DIDOT ET Cie

IMPRIMEURS DE L'INSTITUT, RUE JACOB, 56

GUERRES DE NAPOLÉON

(1800-1807)

CAMPAGNE DE 1800

I

SOUFFRANCES DE L'ARMÉE AUTOUR DE GÊNES PROJET DES SOLDATS DE REVENIR EN FRANCE LEUR RETOUR A L'ORDRE

(Novembre-Décembre 1799).

Le soldat était depuis quelque temps au quart de la ration ordinaire, et, d'après le dernier recensement des subsistances, on était assuré qu'on ne pouvait le lui continuer au delà de quelques jours. La troupe était au bout de sa patience et menaçait de suivre l'exemple donné par la gauche et le centre de l'armée, de rentrer en France. Les soldats communiquaient par lettres et voulaient exécuter ce projet d'une manière plus complète que ne l'avaient fait les autres corps.

Le 27 novembre, la brigade de droite de Watrin avait refusé de prendre la position qui lui était indiquée, si on ne lui donnait des habits et de l'argent. Le 4 décembre, le 1er bataillon de la 97e demi-brigade était parti de la Scoffera, après avoir arraché son drapeau des mains des officiers; il arriva à Gênes réclamant à grands cris des vêtements et de l'argent. Avec des promesses on était parvenu à le faire retourner; mais le 9, la 106e suivit ce mauvais exemple. Le 10, le gouvernement ligurien fit enfin compléter dans la caisse du payeur la somme de deux cent et quelques mille francs; c'était tout ce qu'il avait fourni, malgré tant de sollicitations, sur l'emprunt forcé établi par Championnet; on comptait s'en servir pour payer une quinzaine aux soldats et autant aux officiers.

Le 11 décembre, le projet de départ pour la France éclata d'une manière à peu près spontanée; vers les sept heures du matin, les officiers des 17e, 55e et 3me demi-brigades, composant la garnison de Gênes, arrivèrent chez le général Saint-Cyr, logé dans le faubourg, pour le prévenir que leurs soldats venaient d'enlever leurs drapeaux et se proposaient d'enlever les canons d'une compagnie d'artillerie et de les emmener en France. Le capitaine de cette compagnie fit dire que l'infanterie voulait enlever ses pièces; qu'il ne pouvait les défendre sans faire feu sur cette troupe, que les canonniers en sollicitaient l'ordre, mais qu'il n'avait pas osé le donner sans en référer au général : celui-ci lui défendit de faire feu sur des Français qui pouvaient encore revenir de leur égarement, sauf à laisser enlever ses pièces, s'il ne pouvait les défendre que par ce moyen. Saint-Cyr voulait aussi ménager la vie de cette poignée d'hommes qui donnaient un si bel exemple de courage et de respect pour la discipline dans un désordre aussi général. Il se rendit aussitôt sur la place Verte, où se trouvait rassemblé le corps de la garnison; ils formaient une colonne épaisse et serrée; il voulait qu'ils se formassent en carré pour être entendu plus facilement. Il demanda le chef, afin qu'il commandât la manœuvre; mais aucun des soldats ne fut jaloux de cet honneur : il faut dire qu'il n'y avait dans ce désordre ni officier, ni sous-officier, ni même un caporal qui le partageât.

Ainsi donc aucun chef ne se présenta, mais d'eux-mêmes les soldats exécutèrent avec une précision remarquable tous les mouvements nécessaires; jamais peut-être ils n'avaient aussi bien manœuvré quand ils avaient leurs officiers à leur tête. Leur contenance était calme, on voyait que leur parti avait été arrêté après avoir réfléchi, qu'il ne s'agissait pas de faire de l'é-

Fig. 2. — « De quoi vous plaignez-vous?... Le drapeau tricolore couvre de ses plis généreux les capitales conquises par vous!!! et vous vous plaignez, quand il n'est pas un mortel qui ne vous porte envie!... » D'après une lithographie de Raffet.

loquence militaire. Saint-Cyr pensa que ce n'était que par le raisonnement qu'on pouvait espérer de combattre une résolution aussi arrêtée, et que la place publique, où arrivait la population de la ville, n'était pas propre à discuter; que ce n'était point au milieu du tumulte inséparable d'une telle réunion qu'on ferait entendre la voix de la raison. Il leur ordonna de rester dant la position où ils se trouvaient, de lui envoyer une députation qui lui expliquerait les motifs de leur démarche; qu'on les examinerait avec elle, et qu'ils attendissent son retour avant de rien précipiter.

Une demi-heure après sa rentrée au quartier général, Saint-Cyr reçut la députation des soldats chargés de lui donner les explications demandées. Après avoir parlé du défaut de solde, qui était arriérée de six mois, de la privation d'habits, de chaussures qu'ils éprouvaient encore, malgré les rigueurs de la saison, ils insistèrent sur la plus grande de toutes les privations, sur le manque absolu de subsistances, après avoir été longtemps à la demi-ration, et ensuite au quart; ils dirent que la plus grande partie d'entre eux y avaient succombé, et que, persuadés qu'il n'était pas au pouvoir de leur chefs d'améliorer leur sort, ils avaient en commun pris le parti de se retirer sur les frontières de France, espérant que leurs concitoyens ne les laisseraient pas mourir de froid ni de faim, lorsqu'ils les verraient, en vrais soldats français, défendre le territoire et la patrie commune. Ils assuraient que pour éloigner d'eux tout soupçon et qu'on ne pût les accuser d'abandonner leurs drapeaux, ils s'étaient vus forcés de les enlever, et qu'ils ne se sépareraient jamais d'un objet sacré pour eux.

Leurs plaintes étaient justes, le général en convint; leurs souffrances étaient grandes, mais ils en perdraient tout le prix s'ils n'y ajoutaient la persévérance. Il rappela à plusieurs d'entre eux les souffrances qu'ils avaient éprouvées devant Mayence, souffrances qui avaient été aussi vives et plus longues; ils en convinrent et ajoutèrent qu'aucun d'eux n'en pouvait plus supporter de semblables; qu'aujourd'hui ils ne savaient plus pour qui ils se battaient; que dans ces premiers temps ils étaient des patriotes, que maintenant ils étaient des soldats français, qui ne pouvaient plus servir sans solde et sans vêtements, et surtout qu'ils ne voulaient pas mourir de faim. Saint-Cyr leur expliqua que si c'était là le motif qui leur avait fait prendre le parti de rentrer en France, ils tombaient dans une grande erreur, puisqu'ils avaient sept marches à faire par un pays épuisé, où l'on avait pris toutes les subsistances que possédaient les habitants; que s'il restait à ceux-ci un morceau de pain, ils fuiraient à leur approche dans les montagnes pour le conserver, et qu'ils ne trouveraient que des maisons vides. On essaya de leur démontrer qu'en prenant ce parti, affaiblis d'ailleurs comme ils l'étaient par tant de fatigues et de privations, ils courraient inévitablement au genre de mort qu'ils voulaient éviter; tandis qu'en restant à leur poste, leur position pouvait changer d'un jour à l'autre, puisqu'il ne s'agissait que d'un changement dans le vent, qui régnait depuis quarante jours, circonstance extraordinaire et qu'on n'avait peut-être pas vue depuis un siècle. On ne pouvait dissimuler que s'il durait encore trois jours, c'en était fait de l'armée et de la plus grande partie des habitants, qu'il faudrait en effet mourir de faim; mais qu'en prenant aussi tard le parti de rentrer en France, c'est-à-dire après que le pays où l'on devait passer était aussi épuisé, on devait inévitablement succomber; tandis qu'en restant, il y avait un grand danger, mais aussi un grand espoir, qui pouvait se réaliser en vingt-quatre ou trente-six heures.

Saint-Cyr chargea ces députés de peser les raisons qu'il venait de leur donner, de les mettre sous les yeux des soldats, ne doutant pas que ce que leur prescrivait le devoir était encore pour eux le moyen le plus sûr et le plus honorable pour sortir de la position affreuse où l'on se trouvait. « Il comptait, disait-il, sur la raison et le patriotisme des soldats; toutefois, s'ils persistaient dans leur funeste égarement, il entendait défendre, avec les généraux, les officiers et sous-officiers, les positions occupées par l'armée, autant qu'on pourrait le faire avec ce peu de militaires fidèles à l'honneur et à la patrie, qui sauraient mourir à leur poste soit par le fer de l'ennemi ou le manque de subsistances. » Ces députés retournèrent près de leurs camarades, leur rendirent un compte fidèle de ce que leur avait dit le général, et leur firent part de sa dernière résolution. Le calme succéda bientôt à la turbulence qui avait amené les premiers mouvements; les soldats reconnurent leurs torts et ne voulurent pas rester en arrière des officiers et sous-officiers, dont la noble conduite leur donnait un bel exemple d'héroïsme militaire autant que de patriotisme. Les soldats renoncèrent au projet de les abandonner, ils voulurent partager leurs dangers et leur gloire; ils renvoyèrent leurs députés au général, pour le prier d'excuser leur faute, qu'ils promettaient de réparer; ils demandèrent à remettre leurs drapeaux à leurs commandants et les canons à l'artillerie. Saint-Cyr reçut leurs excuses, les complimenta sur leur retour à l'ordre, mais dit qu'il ne pouvait, dans ce moment, permettre à leurs chefs de reprendre leurs drapeaux qui avaient figuré dans l'insurrection du matin; qu'une grande tache les couvrait et qu'elle ne pouvait se laver que dans le sang ennemi; le général promettait que l'occasion de le faire leur serait bientôt fournie, et que si leur conduite répondait à l'espoir qu'il avait conçu de leur repentir, il donnerait à leurs chefs l'ordre de les reprendre. Quant aux canons, il les engagea encore à les garder et à montrer que s'ils savaient les enlever dans l'occasion, ils sauraient aussi s'en servir; mais qu'il leur conseillait de bien les défendre, car, s'ils les perdaient, les journaux pourraient bien amuser le public à leurs dépens.

Avant midi, tout était rentré dans l'ordre à Gênes; mais nous n'étions pas encore au bout de nos embarras. Watrin se trouvait avec Saint-Cyr et lui assurait que, dans sa division, on ne verrait jamais arriver ce qui venait de se passer à Gênes, ses troupes ayant en lui une confiance extrême. Pendant qu'il parlait encore, son aide de camp, couvert de sueur, arriva; il avait devancé la division, qui, après avoir laissé les sous-officiers et les officiers pour garder la position de la Bochetta, venait se joindre à la garnison de Gênes. Watrin monta aussitôt à cheval et courut au-devant de ses troupes qu'il rencontra près de Campo-Marone; elles formaient une seule colonne et se trouvaient dans un ordre parfait. Un soldat avait pillé une poule, chose fort rare dans le pays à cette époque; ses camarades lui avaient fait retourner son habit et le faisaient marcher en tête, la poule suspendue au cou. Watrin fit arrêter la colonne de ses troupes et leur adressa tous les reproches qu'une si grave circonstance lui inspirait; personne ne répondit, tous gardaient le plus morne silence; mais lorsqu'il leur dit : « Vous croyez vous réunir à la garnison de Gênes? Mais elle a bientôt senti l'énorme faute qu'elle avait faite et elle est rentrée dans l'ordre le plus parfait », un murmure général d'étonnement se fit d'abord entendre; puis, par une inspiration soudaine, qui gagna les rangs, on n'entendit que le cri : « Retournons à notre poste! » Aussitôt la troupe rompt le carré qu'elle avait formé, et, sans le moindre embarras, se retrouve en colonne et en marche pour retourner à la Bochetta, où Watrin la reconduisit. Au moment de reprendre leur poste, il fallut se fusiller avec les Autrichiens qui, ayant appris ce qui se passait, s'avançaient pour s'emparer de la Bochetta.

Fig. 3. — Le maréchal Gouvion Saint-Cyr. (1764-1830.)

GOUVION SAINT-CYR.

(*Mémoires pour servir à l'histoire militaire sous le Directoire, le Consulat et l'Empire.*)

II

MISÈRE ET DÉNÛMENT DE L'ARMÉE D'ITALIE

Rapport présenté au Ministre le 16 nivôse an VIII (6 janvier 1800).

Extrait des comptes rendus par le général de brigade Rivaud et l'adjudant général Lacroix sur la situation de l'armée d'Italie au 24 frimaire an VIII (15 décembre 1799).

L'armée d'Italie est forte encore de 53,500 hommes d'infanterie, répartis sur toute la ligne, depuis le mont Bernard jusqu'à Gênes.

Il faudrait de suite 45,000 habillements complets; les corps ont exagéré leurs besoins, en comptant pour effectif dans leurs demandes des bataillons entiers faits prisonniers.

Il s'y trouve à peine 2,800 hommes de chasseurs et de hussards montés.

La cavalerie a été en partie détruite et achève encore de se ruiner par le défaut le plus absolu de fourrages, quoiqu'on l'ait rejetée sur les derrières pour lui faciliter les moyens de subsister.

On ne manque pas de canons de campagne; mais on manque de caissons, de munitions et d'attelages; les magasins des arsenaux n'ont ni bois, ni fer, ni charbons.

Il y a sept mois qu'on n'a rien payé aux ouvriers du parc; l'artillerie à pied est répartie par détachements délabrés, manquant de tout et désorganisés : elle est, comme les autres corps de toutes armes, sans administration régulière : les uns et les autres n'ont pas touché de solde depuis plusieurs mois; l'artillerie à cheval, mieux conservée, manque néanmoins du plus grand nombre de chevaux qui lui sont nécessaires.

L'équipage est nul : les charretiers (1), victimes de la cupidité des entrepreneurs, présentent le spectacle de la plus horrible nudité et de la plus affreuse misère.

Les chevaux d'artillerie périssent chaque jour en nombre faute de fourrage; il en est de même de ceux de la cavalerie; il est impossible de s'imaginer à quel point tous les services, et celui des fourrages surtout, ont été négligés. Si le soldat qui a longtemps éprouvé toutes les horreurs de la faim conserve un reste de discipline, ce n'est que par le souvenir de sa gloire; mais le plus grand nombre d'entre eux s'abandonne au désespoir; le découragement est universel; les désordres sont inouis; la désertion à son comble.

Aucune administration n'est organisée.

Tous les services se font au jour le jour, et par réquisitions éventuelles; les pays environnants sont maintenant épuisés.

Aucune des places fortes n'est approvisionnée; aucune d'elles n'est en état de résister à l'ennemi, à raison du délabrement des fortifications.

Dans les hôpitaux!!... le blessé, le malade, expirent d'inanition sur la paille, faute de vivres; on n'y connaît plus les pansements, faute de médicaments. Les individus qui conservent assez de force pour se mouvoir se répandent dans les villes et dans les campagnes pour y mendier leur subsistance.

Cette affreuse misère a occasionné une maladie épidémique qui moissonne le soldat et même les habitants.

(1) Les voitures de l'artillerie étaient alors conduites par des charretiers au compte d'entrepreneurs.

Masséna, général en chef, au Premier Consul.

Au quartier général, à Antibes, le 28 nivôse an VIII (18 janvier 1800).

Citoyen Consul,

Je suis arrivé à l'armée le 26 : voici le résultat de ce que j'ai vu par moi-même, et des rapports qui m'ont été faits.

PARTIE MILITAIRE.

La désertion est établie dans toute l'armée; des corps entiers abandonnent leur poste.

J'ai rencontré moi-même un bataillon au-dessus de Fréjus. Je l'ai ramené dans cette commune, où je lui ai accordé séjour jusqu'à nouvel ordre.

Quatre mille hommes formant le fond de cinq demi-brigades et de la division du général Miollis ont quitté les hauteurs de Savone, qu'ils étaient chargés de défendre, et se sont rendus à Nice demandant du pain, des vêtements et leur solde.

Le général Marbot, commandant par intérim l'armée après la mort du général Championnet, a jugé à propos de leur faire passer le Var et de les cantonner à Grasse, Draguignan et Fréjus. Je me propose de faire des exemples sévères, et notamment de casser la 18e légère et la 21e de bataille, pour les incorporer dans les corps faibles.

Je ne pourrai exécuter cette mesure que lorsque la cause de la défection de l'armée aura cessé, lorsque les subsistances seront assurées.

Le corps des officiers est resté fidèle à ses devoirs, et aucun d'eux n'a suivi le mouvement des autres troupes. Il y a impossibilité d'organiser en ce moment l'armée; la plupart des officiers généraux sont partis après s'être munis de billets d'hôpitaux. Le petit nombre de ceux qui restent est divisé,

Fig. 4. — « L'ennemi ne se doute pas que nous sommes là, il est sept heures, nous le surprendrons demain à quatre heures du matin. » D'après une lithographie de Raffet.

et chacun demande une permission sous différents prétextes.

Les généraux que j'ai demandés, et qui ont dû passer de l'armée du Danube à celle d'Italie, ne sont point arrivés; j'ai lieu de craindre qu'ils n'aient reçu contr'ordre. Je les attends pour faire dans l'armée des changements indispensables et retirer des divisions des généraux qui ne doivent y rester sous aucun rapport.

Le personnel de l'armée ne présente donc en ce moment que désordre et défection, et je ne pourrai travailler avec efficacité à une nouvelle organisation que lorsque les services seront tous assurés, et après l'arrivée des généraux que j'attends.

PARTIE ADMINISTRATIVE

L'armée n'a des vivres que pour demain. Le convoi que j'ai fait partir de Marseille, chargé d'environ 12,000 quintaux de blé, n'est point arrivé. Les vents d'est, qui règnent sans cesse depuis deux mois, empêchent l'arrivage des bâtiments expédiés des côtes de France sur celles de Gênes.

Le 1er pluviôse, (c'est-à-dire dans deux jours), le service des vivres doit être fait par la compagnie Antonini, et, au moment où je vous écris, elle n'a des approvisionnements d'aucune espèce, et pas un de ses agents n'a paru; on ne se joue pas avec plus de légèreté de ses engagements, de l'existence des armées et du salut de l'État.

Je ne connais encore aucune des mesures prises pour le service des fourrages, mes chevaux même resteront sur les derrières jusqu'à nouvel ordre.

Aucun agent, dans aucune partie, n'a encore paru. L'armée est absolument nue et déchaussée; elle a besoin d'être habillée et équipée en totalité.

Le service des hôpitaux ne se fait plus, et la régie qui en est chargée ne s'en occupe en aucune manière depuis plus de quatre mois.

Voilà, Citoyen Consul, de tristes vérités; que deviendra l'armée si vous ne venez à son secours? Tout y est dans la plus absolue désorganisation. L'esprit y est très mauvais et travaillé contre le gouvernement. Je suis à mon poste, vous pouvez compter sur ma fermeté et mon dévouement, mais je dois être puissamment secondé. Je vous demande en grâce de me faire connaître par le retour du courrier que je vous expédie les mesures que vous aurez prises dans l'état où se trouvent les choses, et qu'il était de mon devoir de vous faire connaître.

Salut et respect.

MASSÉNA.

(Rapports officiels.)

III

LES DÉSERTIONS

Masséna, général en chef au Premier Consul.

ARMÉE D'ITALIE.

Nice, 14 pluviôse an VIII (3 février 1800).

Citoyen Consul,

Les premières insurrections qui avaient occasionné les désertions de différents corps, et notamment des 5,000 hommes de la division Miollis, étaient à peine calmées par les mesures sévères que je venais de prendre, qu'une nouvelle révolte a éclaté dans la division Lemoine.

Le second bataillon de la 5e légère, deux compagnies de carabiniers de ce corps et le second bataillon de la 74e ont lâchement abandonné leur poste et ont pris le chemin de France.

J'ai pris à l'instant des mesures sévères pour faire punir les coupables et faire reconduire le reste des déserteurs à leur poste.

Je vous fais passer copie de l'arrêté que j'ai pris à cet égard.

Les rapports que je reçois de cette division m'annoncent que tout est rentré dans l'ordre, et que les principaux coupables sont traduits par devant une commission qui les jugera sans désemparer.

Dans l'intervalle, j'ai reçu une lettre de la portion des soldats restés fidèles à leur poste.

Cette lettre respire le plus profond mépris pour les lâches qui ont quitté leur poste; j'ai cru devoir y répondre. Je pense qu'il y aurait de l'avantage à rendre leur lettre et la mienne publiques.

Salut et respect, MASSÉNA.

INSUFFISANCE DU RECRUTEMENT.

Masséna, général en chef, au Premier Consul.

Gênes, le 28 pluviôse an VIII (17 février 1800.)

J'avais d'abord compté sur le recrutement des bataillons auxiliaires et j'en avais assigné l'incorporation dans les cadres les plus faibles. Je ne portais qu'à 10,000 et quelques cents le recrutement assigné à 23 demi-brigades; mais je me trouve bien déçu de mes espérances, aujourd'hui que j'acquiers la preuve que les 22 bataillons auxiliaires assignés à l'armée d'Italie ne donneront pas 1,000 combattants; et, pour exemple, je vous citerai le 1er bataillon du Var, annoncé fort de 1,100 hommes, que j'ai vu arriver à Nice fort de 49 hommes, chefs et officiers compris.

Celui du Puy-de-Dôme, annoncé de 1,200, est arrivé le 17, à 64 hommes tout compris.

Ceux du Tarn et de l'Aveyron, arrivés à Nice le 20, forts, l'un de 32, l'autre de 50 hommes, après avoir été annoncés chacun de 1400 hommes.

Enfin celui de la Lozère, parti le 1er frimaire fort de 1,500 hommes, est arrivé à Nice le 22, composé de 10 officiers, 9 sous-officiers, 1 tambour et 2 fusiliers, en tout 22 hommes.

IV

MISÈRE DES SOLDATS PENDANT LE SIÈGE DE GÊNES

Ce même jour 25 avril, le soldat de notre compagnie qui était de corvée pour le pain et les légumes, vendit clandestinement les rations de deux jours qu'il avait touchées pour nous; puis, à la faveur des mouvements de troupes qui s'opéraient, il passa à l'ennemi avec le produit de son vol. Grâce à ce misérable, nous restâmes à jeun pendant toute la journée du 25, avec l'agréable perspective de ne manger que le surlendemain.

Cependant, comme le 26 tout paraissait tranquille, je demandai et j'obtins la permission de descendre en ville chercher quelques aliments. Comme je n'avais plus le sou, j'emportai mon meilleur linge pour le vendre ou en faire des échanges. Arrivé dans une des rues les plus populeuses, je commence à exhiber ma marchandise. On s'assemble autour de moi; je déploie un beau mouchoir neuf ou à peu près, j'en fais ressortir le mérite et demande ce qu'on veut en donner... Quelques voix répondent : « Une parpagnolle! » Or, une parpagnolle vaut un peu moins de deux sous; à ce prix là, tout le linge de la compagnie aurait à peine suffi pour avoir trois livres de pain. Fort désappointé, je remets le mouchoir dans ma poche et j'entre un peu plus loin dans la boutique d'un brocanteur, auquel je propose la plus belle pièce de ma pacotille, des boucles d'oreilles d'argent, en échange d'un pain de munition, ou de l'équivalent en nourriture quelconque. — « Un pain de munition ou l'équivalent! mais tout ce que vous avez n'y suffirait pas. Voulez-vous quatre onces de biscuit et dix parpagnolles pour vos boucles? C'est à prendre ou à laisser. » J'eus beau batailler, il fallut en passer par là, et livrer mes belles boucles d'oreilles.

Je tombais de besoin, et tenais pourtant à conserver mon biscuit. Au prix de la meilleure partie de mes nippes, je parvins enfin à me procurer... six onces de prétendu sang de bœuf cuit à l'eau que je dévorai sur place, avec deux cuillerées à bouche de haricots également cuits à l'eau, le tout sans sel. J'échangeai le reste de mes effets contre une petite salade que je rapportai triomphalement, avec le précieux biscuit. Jugez de la joie du camarade auquel j'offris de partager mon festin.

ERNOUF.

(*Souvenirs militaires d'un jeune abbé, soldat de la République.* — Paris, Perrin et Cie, éditeurs.)

V

LE SIÈGE DE GÊNES

(6 AVRIL-4 JUIN 1800.)

La famine. — Lorsque les hostilités avaient commencé on avait rassemblé tout le grain et les légumes que l'on avait pu découvrir et l'on avait évalué à quinze jours la durée du blocus que Gênes pouvait soutenir.

Pendant ces quinze jours, on avait fait les recherches les plus sévères, et, à force de fouiller, on avait rassemblé, en blé et grenailles de toute espèce, de quoi sustenter encore quinze autres jours et le peuple et l'armée.

Ces efforts conduisirent au 15 floréal (1). A cette époque, un petit bâtiment, échappé à la surveillance de la flotte, nous apporta du blé pour cinq jours; mais au 20, tous les moyens s'épuisant, tout fut réservé pour les troupes; les rations furent diminuées et l'on retrancha le pain qu'on donnait au peuple, On ne lui conserva qu'un peu de soupe d'herbe, et on le fit solder par les riches. De cette manière, on sustenta l'armée jusqu'au premier prairial.

Mais alors les embarras les plus cruels se firent sentir. Il n'existait plus de quoi faire pour deux jours le mauvais pain qu'on distribuait aux troupes. Dans cette extrémité le général en chef, qui pensait si justement que gagner du temps était tout gagner, mit tout en œuvre pour prolonger l'agonie.

A cet effet, il fit ramasser tout ce qui existait en amandes,

(1) 15 floréal an VIII (5 mai 1800).

en graine de lin, en amidon, en son, en avoine sauvage et en cacao; et amalgamant le tout, il en fit faire une composition que l'on donna au lieu de pain. Il est impossible de rien imaginer de plus mauvais et de plus dégoûtant que cette nourriture, que son défaut de manutention achevait de rendre encore plus exécrable; qui n'était qu'un mastic pesant, noir, amer, et telle-

Fig. 5. — Prise des hauteurs à l'est de Gênes (30 avril 1800). D'après l'aquarelle de Bagetti. (Musée de Versailles.)

ment imbibé par l'huile du cacao et du lin, qu'il n'avait aucune consistance et n'était susceptible d'aucune cuisson.

Agitation dans la population de Gênes. — Malgré les dispositions de sûreté prises par le général en chef pour contenir le peuple, il ne laissait pas cependant de donner des inquiétudes à cause de ses grandes souffrances.

Heureusement nous fûmes fort bien servis par les nouvelles qui circulèrent pendant le commencement de cette décade. Le 1er prairial, on assura que M. de Mélas, avec partie de son armée et deux mille hommes de cavalerie, était arrivé à Voltri. Ce mouvement, qui semblait prouver une défaite, annula l'effet du bombardement de Saint-Pierre-d'Aréna que les barques napolitaines exécutèrent le soir du même jour.

Le 3, on donna comme certain que Bonaparte, avec une partie de son armée, avait passé le Pô et manœuvrait de manière à ôter toute retraite à l'ennemi. Cette nouvelle fit une grande sensation. Le même jour, le temps devenant orageux, renouvela encore l'espoir de voir arriver du grain. Pour le 4, il se passa dans une vaine attente de nouvelles, de secours et de pain.

Dans la journée du 5, on entendit des coups de canon dans le lointain. Tout en craignant que ce ne fût le feu de Gavi, on faisait des vœux pour que ce fût au contraire celui de l'armée de secours.

Le 6, le chef d'escadron Franceschi, aide-de-camp du général Soult, arrive et apporte des dépêches de Bonaparte, qui donnent lieu à la notice suivante, transmise officiellement et de suite à l'armée et au gouvernement ligurien.

« L'officier que j'avais envoyé près du premier Consul à Paris, est revenu cette nuit.

« Il a laissé le général Bonaparte descendant le Grand Saint-Bernard et ayant avec lui le général Carnot, ministre de la guerre.

« Le général Bonaparte me mande que du 28 au 30 floréal, il sera arrivé, avec toute son armée, à Ivrée, et que de là il marchera à grandes journées sur Gênes.

« Le général Lecourbe fait en même temps son mouvement sur Milan, par la Valteline.

« L'armée du Rhin a obtenu de nouveaux avantages sur l'ennemi; elle a remporté une victoire décisive à Biberach, a fait beaucoup de prisonniers et a dirigé sa marche sur Ulm.

« Le général Bonaparte, à qui j'ai fait connaître la conduite des habitants de Gênes, m'a témoigné toute la confiance qu'il a en eux, et m'écrit : « Vous êtes dans une position difficile; mais ce qui me rassure, c'est que vous êtes dans Gênes. Cette ville, dirigée par un excellent esprit et éclairée sur ses véritables intérêts, trouvera bientôt dans sa délivrance, le prix des sacrifices qu'elle a faits. »

Signé : MASSÉNA.

Ces nouvelles rendent encore, pour quelques instants, un peu de ton aux esprits : mais les impressions des maux soufferts sont telles que l'on ne sort plus que par moments de l'état d'affaissement dans lequel sont toutes les âmes.

Cependant des avis nombreux annoncent, le 7 au soir, des mouvements rétrogrades de la part de l'ennemi. Le général Masséna, incapable de perdre un instant, ordonne, pour le lendemain, une reconnaissance sur Nervi, le Monte-Faccio, le Monte-Rati et dans le Bisaguo. Cette reconnaissance donne lieu à des combats très vifs dans lesquels nos troupes se couvrent de gloire par la manière dont elles manœuvrent sous le feu le plus meurtrier, mais qui coûtent à l'armée un nombre considérable de braves. Les rapports de tous les militaires prouvent que l'ennemi, qui partout a plié devant nous, a fait ce jour-là des pertes énormes en tués et blessés.

Les derniers jours du siège. — 9 *prairial.* — La fermentation devient alarmante, des coups de fusil se tirent dans la ville; mais c'est de Liguriens à Liguriens. L'opposition entre les deux partis sauve l'armée.

Le bruit d'une grande victoire remportée dans le Piémont par Bonaparte, se répand et se confirme. Elle fait reparaître quelques denrées, mais à un prix si excessif que plusieurs personnes, au milieu de ces signes trompeurs d'abondance, meurent de faim dans les rues.

Le mécontentement éclate dans la troisième ligne; il y a des soldats qui brisent leurs armes au milieu de la place de Saint-Dominique.

Tout prend une physionomie sombre.

10 *prairial.* — Le 10, à une heure moins un quart du matin, le bombardement recommence, d'abord très vivement, mais il ne dure qu'une heure et demie à peu près. Son effet est moindre qu'il n'a jamais été. Il se borne à conduire quelques centaines de femmes dans les rues et les promenades publiques; à la pointe du jour tout le monde se retire et le calme renaît.

Un petit bateau chargé de soixante sacs de grains, venant de Corse, entre dans le port de Gênes. Le patron de ce bateau annonce qu'il est suivi de quatorze autres, qui n'arrivent pas. Ce secours, quelque faible qu'il soit, paraît d'un favorable augure.

A onze heures du matin, l'aide-de-camp du général Gazan arrive chez le général en chef et le prévient qu'on entend le canon du côté de la Bochetta et la fusillade du côté de Campo-Fredo.

Tous les officiers courent à leurs chevaux. Les uns se félicitent, les autres s'embrassent; les figures de nos ennemis secrets s'allongent aux cris de joie des patriotes. Un mouvement nouveau anime tout Gênes. De l'étonnement on passe à l'enthousiasme, qui bientôt se change en délire. Déjà les troupes avaient pris les armes et le général en chef était sur les hauteurs en avant de la Tenaille, pour voir si l'ennemi faisait quelque mouvement; mais les trois camps qu'il avait sur la rive droite de la Polcevera, étaient dans leur état naturel. Partout il nous montrait ses forces ordinaires; un orage lointain parut expliquer le bruit entendu, et après avoir presque acquis cette douloureuse certitude, tout le monde reprit ses positions ordinaires.

Ainsi se passa pour Gênes et l'armée cette journée, si douce

Fig. 6. — Bombardement de Gênes (25 mai 1800). D'après l'aquarelle de Bagetti. (Musée de Versailles.)

d'abord et ensuite si cruelle, à cause du découragement qui succéda chez tout le monde à une espérance trompeuse, à laquelle il en coûtait d'autant plus de renoncer qu'on s'y était plus entièrement livré.

11 *prairial.* — Avant une heure du matin, le bombardement de Gênes était déjà recommencé; mais il fut moins long et moins vif qu'à l'ordinaire. Le général en chef qui, aux premiers coups de canon, se rendait toujours à la batterie de la Cave, et de là, à celle de la Lanterne pour observer par lui-même tout ce qui se passait, se porta également au fort de l'Éperon pour juger du bruit du canon que, de nouveau, l'on croyait entendre; mais peu d'instants lui suffirent pour s'assurer que c'était encore l'effet d'une erreur.

Le général en chef rassemble chez lui les chefs de corps; il se fait rendre compte de leur état, et, comme moyen de ramener l'ordre, d'y resserrer les liens de la discipline que l'excès des souffrances tendait sans cesse à relâcher, il fait des promotions, il charge les chefs de l'avancement des sous-officiers et les autorise à casser ceux qui, dans ces circonstances terribles, ne justifiaient pas leurs promotions antérieures. Enfin il leur demande sur quoi il pourrait compter, s'il se déterminait à tenter une trouée. Et à l'unanimité, ils lui déclarèrent qu'il ne pourrait être suivi que par des officiers, et seulement par une partie des officiers, car plusieurs d'entre eux n'étaient, pas plus que les soldats, en état de soutenir les fatigues d'un combat ou même d'une simple marche.

Pour rendre un peu d'énergie et de confiance aux troupes, le général Masséna leur adressa la proclamation suivante :

« Soldats,

« Les rapports que je reçois m'annoncent que votre patience et votre courage s'épuisent, que des plaintes, des murmures s'élèvent de vos rangs. On parle même de désertions à l'ennemi, et l'on ajoute qu'il se forme des complots pour exécuter de si lâches desseins.

« Oubliez-vous la gloire de votre défense de Gênes et ce que vous devez à l'accomplissement de vos devoirs, à votre honneur, à votre délivrance qui ne tient plus qu'à quelques jours!

« Que la conduite de vos généraux et de vos chefs vous serve d'exemple! Ils partagent vos fatigues et vos privations, ils mangent le même pain et les mêmes aliments que vous (1); et songez que pour vous procurer quelques subsistances, il faut travailler le jour et la nuit! Vous souffrez par l'effet des besoins : ils souffrent ainsi que vous, et ont de plus les inquiétudes de votre position. N'auriez-vous fait tant de sacrifices et d'efforts que pour vous abandonner à tant de faiblesse? Cette idée doit vous révolter.

« Soldats! Une armée commandée par Bonaparte, marche à nous; il ne faut plus qu'un instant pour nous délivrer, et cet instant perdu, nous perdrions avec lui l'honneur, le premier prix de vos travaux, et un avenir de captivité et de privations bien plus amères s'ouvrirait devant nous.

« Je charge vos chefs de vous rassembler et de vous lire cette proclamation. J'espère que vous ne donnerez pas à ces braves si respectables par leur dévouement, et dont le sang a coulé si souvent en combattant à votre tête; à ces braves qui ont toute mon estime, qui méritent toute votre confiance,

(1) Dans les derniers temps de ce blocus, on ne servait à la table du général en chef que ce qui composait les rations des soldats. Le repas du 15 prairial consista en une soupe de bouillon de cheval et d'herbes, en un bouilli de viande de cheval et en un plat de haricots cuits à l'eau. De beurre, ou même de graisse, il n'en était pas plus question que de pain. Deux ou trois officiers, et j'étais du nombre, s'étaient à temps prémunis de quelques biscuits de mer, et, le repas fini, ils remettaient soigneusement dans leur poche ce qu'il leur avait été possible de n'en pas manger.

la douleur de m'entretenir de nouvelles plaintes, et à moi, celle de punir.

« L'honneur et la gloire furent toujours les plus puissants aiguillons des soldats français, et vous prouverez que vous êtes encore dignes de ce beau nom!

« Cette proclamation sera mise à l'ordre du jour et lue trois jours de suite à la tête des troupes. »

MASSÉNA.

12 *prairial.* — Jamais besoin de nouvelles ne fut plus grand, jamais silence ne fut plus complet, plus accablant.

Des bruits vagues portent cependant que six espions de Bonaparte ont été arrêtés autour de Gênes et fusillés, et que la crue du Pô retarde la marche et les opérations de l'armée de réserve qui, le 3, était rassemblée à Ivrée. Mais, si sur le fait de notre délivrance il n'y avait qu'incertitude, il n'en restait pas sur l'accroissement de maux insupportables, sur l'augmentation des malades, le nombre effrayant des morts dont la famine et les épidémies jonchaient même les rues, et sur la misère la plus affreuse; enfin le découragement, la douleur, le désespoir, la rage, se peignaient également sur les visages décomposés des habitants et des militaires.

Au milieu de tant d'horreurs, des crimes abominables se commettent. Deux prêtres, connus pour nous être dévoués, sont assassinés chez eux, à dix heures du matin, à côté de la demeure du général en chef, et dans toute la ville les assassinats se multiplient.

Il n'était plus possible de s'abuser : tout était dit; la mesure des tortures qui pouvaient être endurées était comble; les forces, comme l'espoir, étaient anéanties; il ne restait plus rien à demander, plus rien à obtenir; et par une abnégation totale de ce qui le concernait, par un acte de courage plus grand que tous ceux qui avaient illustré sa noble existence, enfin par nécessité, par pitié, par devoir, le général Masséna ordonna à l'adjudant général Andrieux de se rendre à Rivarolo, et, sous le prétexte d'une entrevue relative aux prisonniers, qui, dans le fait, mouraient par centaines, de recevoir les propositions de l'ennemi et d'entrer en négociations.

(*Journal des opérations militaires du siège et du blocus de Gênes*, par PAUL THIÉBAULT, Paris, an IX).

VI

LA FLOTTE ANGLAISE DEVANT GÊNES

(*Récit d'un prisonnier français.*)

Pour moi, pris pour tout de bon après m'être tiré trois fois de leurs griffes, j'ai payé cette fois pour toutes. Du reste, je n'ai qu'à me louer de MM. les Anglais; rien ne m'a été pris, ils ont eu pour moi les meilleurs procédés. Je n'ai qu'un reproche à leur faire, c'est de m'avoir gardé quarante-cinq jours à bord : sans doute ils ont voulu que je me souvienne toute ma vie de leurs honnêtetés. J'avoue que cette quarantaine m'a paru longue. Chaque matin me retrouver dans le port de Gênes, à portée de canon, sans pouvoir y entrer, c'était une cruelle épreuve! Avec leurs lunettes d'approche, je reconnaissais les maisons, les palais; je voyais, je comptais tout mon monde, et ne pouvais en approcher! J'étais là comme Tantale aux enfers. Je jugeais de toutes les sorties comme si j'y eusse été; j'étais témoin de tous les préparatifs, de tous les mouvements.

En flattant l'orgueil des Anglais, je tirais aussi d'eux bien des renseignements. Il fallait pour cela attendre l'issue du dîner, le moment où, les têtes étant déjà échauffées, on faisait circuler à la ronde des bouteilles d'excellent vin de Porto, qui se poursuivaient sans pouvoir jamais s'attraper, malgré le soin que prenaient les convives de les alléger au passage. On restait à table ainsi des heures entières après le dîner. Pendant ce temps on fumait, on portait des toasts, on politiquait... Ils buvaient à un vent favorable, au roi Georges; je buvais à la République. Plusieurs fois, admirant la résistance héroïque de Masséna, ils portèrent sa santé; je les remerciais en buvant à M. Pitt. C'était, disais-je, un grand ministre, dont nous admirions les talents. Ils rendaient, du reste, la même justice à Buonaparte.....

J'ai passé les huit premiers jours à bord de l'amiral lui-même, le lord Keith, qui m'a fait dîner trois fois à sa table. Le reste du temps, je mangeais avec les officiers; il en a été de même sur les autres bâtiments. Les capitaines mangent seuls, engagent à tour de rôle un officier, et j'étais invité à mon tour comme les autres.

J'ai été particulièrement satisfait des bons procédés de l'amiral. Lorsque je fus pris par les canonnières, on me conduisit directement à son bord. Il me reçut au son de la musique guerrière, fit faire des évolutions à une centaine de soldats qu'il avait à son bord. Je trouvai tout superbe; je vantai la propreté du navire, la beauté de la musique, les manœuvres des soldats (qui gesticulaient comme des forcenés), l'élégance de leur uniforme (chapeau rond, habit-veste). Le lord, enchanté, ordonna que mon sabre me fût rendu aussitôt, et me le remit en personne.

Il est de la famille des Stuarts. C'est un homme de quarante-huit à cinquante ans, d'une belle figure, parlant bien français et qui a vécu quelque temps en France. Le pauvre homme est affligé de quarante millions de fortune, dont trente-deux gagnés depuis la guerre. L'amiral a un huitième de tout ce qui se prend sur mer; bâtiments de guerre, bâtiments marchands, cordages, mâts, tout est évalué, tout est payé; le gouvernement ne se réserve rien. Aussi il y a de petits marmots de gardes-marines qui comptent pour cent mille francs de parts de prises depuis la guerre. Le lord Keith est l'amiral le plus riche de l'Angleterre. C'est lui qui commandait à Toulon, qui a pris le Cap et la flotte hollandaise, l'île de Ceylan et toutes les possessions de la Hollande et de la France dans l'Inde, et qui enfin doit toucher 70,000 louis pour sa part des prises faites tout dernièrement sur les Espagnols. Le pauvre homme!

DROUIN.

(ERNOUF. *Souvenirs militaires d'un jeune abbé, soldat de la République.* Perrin et Cie, éditeurs.)

VII

LA CAPITULATION DE GÊNES

Le général en chef Masséna au général Bonaparte, Premier Consul de la République.

Gênes, le 18 prairial an VIII de la République (7 juin 1800).

Mon Général,

J'ai l'honneur de vous rendre compte de l'évacuation de la place de Gênes conformément à la convention ci-jointe, j'espère que vous la trouverez digne de la résistance opiniâtre de la brave garnison qui s'y trouvait renfermée. Nous n'avons pas jusqu'ici perdu un seul pouce de terrain. Partout nous avons conservé une supériorité constante, et, sans le défaut de subsistances, nous eussions tenu éternellement dans Gênes. Aujourd'hui, j'ai donné aux soldats les trois dernières onces de ce que nous appelions du pain, et qui n'était qu'un mauvais mélange de son, de paille d'avoine et de cacao, sans froment. Nous avons mangé tous nos chevaux.

La mortalité, causée par la famine, était à son comble dans le peuple et dans les troupes. La faim et le bombardement ont excité des mouvements insurrectionnels toujours étouffés dès leur naissance. C'est dans l'espoir de vous voir arriver à notre délivrance que j'ai poussé si loin la rigueur des mesures qui pouvaient nous mettre à même de vous attendre. Mais la machine tombait en dissolution, et il a fallu songer à se retirer pour ne pas tout perdre, et pour conserver à la République les restes d'un corps de troupes dont la constance n'a pu être altérée par des peines, des fatigues et des privations jusqu'alors inouïes. Les forces physiques leur ont entièrement manqué, et il ne me restait plus que des squelettes ambulans. L'officier qui porte mes dépêches pourra vous dire à cet égard tout ce qui a été fait et souffert pour conserver Gênes.

Je vais avec la garnison joindre le centre de l'armée, et y agir conformément aux instructions que je vous prie de m'y envoyer. C'est de là que je vous donnerai de mes nouvelles.

Salut et respect,

MASSÉNA.

VIII

PASSAGE DU SAINT-BERNARD

(15-20 MAI 1800.)

Jusqu'alors il n'avait passé ni artillerie, ni munitions. Tout s'amoncelait à Saint-Pierre, où le parc s'établissait. Transporter cette artillerie embarrassante au-delà du mont paraissait impossible. Cependant, qu'était-ce qu'une armée sans artillerie? Ses besoins, à cet égard, étaient impérieux. En vain des obstacles infinis se présentaient pour effrayer les imaginations les plus ardentes, tout est prévu par le génie qui devait concevoir cette entreprise hardie et en diriger l'exécution.

Les canonniers démontent canons, caissons, forges, etc., pièce par pièce; l'inspecteur d'artillerie, Gassendi, fait creuser des arbres en forme d'auges, dans lesquelles on fait glisser les pièces de canon, et cinq ou six cents hommes, suivant la grosseur des calibres, traînent ces pesants fardeaux; les roues sont portées à bras sur des perches; des traîneaux faits exprès à Auxonne, amènent les essieux et les caissons vides; les mulets sont chargés des munitions enfermées dans des caisses de sapin. C'est ainsi que commence à s'ébranler sur le sommet des Alpes l'armée de l'Annibal français.

Pour encourager ces travaux, on donna quatre et cinq cents francs pour chaque canon muni de son caisson. Il fallait un bataillon entier pour le transport de ces deux objets. La moitié seulement pouvait traîner ces fardeaux, tandis que l'autre était obligée de porter les sacs, les fusils, les gibernes, les bi-

Fig. 7. — Passage du Mont Saint-Bernard (mai 1800). Gravure de Duplessis-Bertaux, d'après Thévenin.

dons, les marmites et surtout des vivres pour cinq jours en pain, viande, sel et biscuit. La réunion de chacune de ces fournitures complètes pouvait former un fardeau pesant trente à trente-cinq kilogrammes. Les bagages rétrogradèrent sur Lausanne. Le Consul lui-même ne prit que le plus simple nécessaire.

L'armée suivit de près l'avant-garde. Nous montions un à un; personne n'était tenté de vouloir dépasser son camarade, tentation imprudente qui l'aurait fait infailliblement s'engloutir dans la neige. La tête arrêtait souvent, et l'on profitait de ces haltes fréquentes pour se désaltérer en trempant son biscuit dans l'eau de neige fondue : et, le croirait-on à moins d'avoir gravi les Alpes comme nous? ce mets nous parut délicieux.

Nous mîmes cinq heures à grimper de Saint-Pierre jusqu'au couvent : à notre arrivée, chacun de nous reçut une tasse de vin. Cette liqueur, quoique glacée, nous réchauffa et rétablit nos forces. Personne n'aurait cédé sa tasse pour tout l'or du Mexique.

Nous avions encore six lieues à faire, mais six lieues que l'extrême rapidité de la descente rendait terribles. A chaque pas nous trouvions des crevasses formées par la fonte des neiges; en vain tenions-nous fortement nos chevaux par les rênes, cela ne les préservait pas toujours de glissades périlleuses. Les hommes eux-mêmes, malgré toutes leurs précautions, tombaient souvent, et, s'ils ne se relevaient prestement, ils couraient les risques d'entraîner leurs chevaux hors du sentier et de périr avec eux en roulant dans des gouffres épouvantables.

Les mulets et les chevaux du Consul nous avaient suivis. Pour lui, voulant sans doute nous rejoindre par le chemin le plus court, il entra dans un sentier que suivaient quelques fantassins. Vers le milieu, la descente se trouva si rapide qu'il fut obligé de descendre, en glissant sur son derrière, une hauteur de soixante-cinq mètres; ses aides de camp Duroc, Lemarrois, Merlin et autres le précédaient, et, comme nous, firent les six lieues à pied. Les crevasses dans lesquelles nous enfoncions à chaque instant, les rendaient beaucoup plus fatigantes que celles de la montée. Nous marchions depuis minuit et nous n'arrivâmes qu'à neuf heures du soir, après avoir fait quatorze lieues presque sans manger. La fatigue et le besoin du sommeil nous firent aisément oublier un triste souper.

(*Marengo ou campagne d'Italie par l'armée de réserve*, par JOSEPH PETIT, grenadier à cheval de la garde des consuls.)

IX

LE FORT DE BARD

Ce rocher arrêtait notre armée tout court et l'acculait dans une gorge où quatre jours suffisaient pour épuiser toutes nos ressources que le passage difficultueux du Mont Bernard ne permettait pas d'alimenter. Ce retard donnait le temps au général Mélas de venir s'opposer à notre sortie de la gorge, lui dévoilait nos desseins dont il ne se doutait pas, ou qu'il méprisa de prévenir pour son malheur.

Sous le rapport géographique, la nature, sans le secours de l'art, avait rendu ce rocher imprenable et l'avait formé en pain de sucre. La route est au pied; à droite il est baigné par la Doria, rivière profonde, rapide et dangereuse, dont la rive opposée forme des rochers inaccessibles à l'homme et qui ne servent de demeure qu'aux marmottes et aux hiboux. A gauche de la route, on voit d'autres rochers non moins élevés que les premiers, mais plus praticables, qui sont même parsemés de vignes, vers lesquelles se rendent les tristes habitants de ces lieux, par des escaliers taillés dans la roche.

Il n'y avait que deux partis à choisir, celui de prendre le fort d'assaut, ou celui de trouver un passage, qui, en l'évitant, nous remît dans notre chemin. L'un et l'autre paraissaient impossibles. Mais le génie de Bonaparte nous conduisit, et c'est surtout en cette occasion qu'il prouva que rien n'est impossible à l'homme qui veut fortement.

Nous avons dit que l'art avait abandonné à la nature la fortification du rocher de Bard. Vingt-deux pièces de canon, cinq cents hommes de garnison, plusieurs mortiers, quelques ouvrages avancés en défendaient l'approche et la rendaient très difficile. Vers les onze heures du soir, au clair de la lune, le chef de brigade de la brave 56e, à la tête de plusieurs compagnies de grenadiers, marche en silence à travers les blocs de rochers épars, parvient aux palissades, les franchit sous une grêle de balles et poursuit, la baïonnette dans les reins et d'ouvrage en ouvrage, l'ennemi épouvanté qui se retire en désordre dans le château. Cependant l'airain tonnait; la mousqueterie faisait un roulement épouvantable; la mitraille, les grenades, les obus jetés à la main arrêtent l'impétuosité française. Des rouleaux attachés sur les parapets se précipitent sur les assaillants et les renversent; le chef de brigade est blessé mortellement. Alors la retraite est reconnue nécessaire; elle s'opère tranquillement. Nous eûmes à regretter en cette occasion plusieurs braves grenadiers tués ou grièvement blessés.

Il fallut donc éviter le fort. A force de recherches, on découvrit qu'en grimpant d'escalier en escalier, on escaladait le rocher appelé Albaredo, d'où l'on pouvait redescendre, ou, s'il m'est permis de me servir de ce terme, d'où l'on dégringolait dans la route de l'autre côté du rocher.

En montant l'escalier on défilait devant une batterie qui tirait sans cesse sur les passants. On prit donc la précaution, à mesure que l'on arrivait, de s'écarter et de marcher à dix pas de distance. Ce n'est pas tout; au tiers de la montée, on se trouvait à découvert, pendant l'espace de dix minutes; à force de travaux d'hommes et d'efforts, on porta une pièce de quatre à plus de quatre cents mètres d'élévation, dans une fente de rocher. Elle tirait sans interruption sur les batteries de l'ennemi, qu'elle découvrait en plein. L'avant-garde monta, non sans peine, puisqu'on était obligé de suivre un à un. Elle coucha sur la même cime au bivouac, comme elle avait fait sur le Mont Saint-Bernard.

Fig. 8. — L'Armée française traverse le défilé d'Albaredo, près du fort de Bard. Peint par Mongin. (Musée de Versailles.)

La cavalerie se trouva encore plus fatiguée ; car les chevaux étaient obligés, comme les chèvres du pays, de sauter de pierre en pierre, et les plus maladroits, guidés par un instinct sûr, savaient éviter le malheur de rouler dans les précipices. Nous en perdîmes néanmoins plusieurs et quelques mulets.

Cependant comme l'escalier du rocher d'Albaredo était moins praticable encore que le mont Saint-Bernard, il fallut chercher un moyen de se servir de la ville basse, quelqu'exposée qu'elle fût. En effet, on prit des précautions inouïes pour le passage; on enveloppa les roues des canons avec du foin, on couvrit le pavé de fumier pour amortir le bruit des voitures; trente hommes, attelés à la prolonge d'une pièce ou d'un caisson, saisissaient le moment favorable pour passer le plus doucement possible; mais quelquefois l'ennemi, qui s'en apercevait, nous foudroyait, et alors nous avions toujours quelqu'un tué ou blessé.

Le premier Consul alla visiter plusieurs fois les travaux de l'ennemi, accompagné du général Berthier. Il monta à pied le rocher, resta quelques heures sur la cime, d'où l'œil plonge aisément sur le château. Fatigué de la montée, extrêmement raboteuse, et de la grande chaleur, il s'endormit au frais. Chacun de nous en défilant devant lui, le contemplait avec intérêt, et prit bien garde d'interrompre le sommeil de son général.

(*Marengo ou campagne d'Italie par l'armée de réserve*, par Joseph PETIT, grenadier à cheval de la garde des consuls.)

X

BATAILLE DE MARENGO

(14 juin 1800.)

A huit heures, l'ennemi n'avait point encore développé beaucoup de vigueur. Il tâtonnait les endroits faibles et faisait ses dispositions en conséquence. L'on ne fut véritablement instruit au quartier général de ses intentions que sur la fin de la matinée. Berthier s'était transporté sur le champ de bataille. Dès le matin, les aides de camp, se succédant les uns aux autres, avertissaient le Consul des progrès de l'ennemi. Les blessés commençaient à arriver disant que l'Autrichien était en force.

D'après ces renseignements, le Consul monta à cheval à onze heures et se porta rapidement sur le champ de bataille. Le canon et la mousqueterie s'animant de plus en plus se rapprochaient de nous. Un très grand nombre de blessés, tant de la cavalerie que de l'infanterie, conduits et portés par leurs camarades, rétrogradaient d'une manière effrayante. La ligne des ennemis prenait une si grande étendue qu'elle tenait plus de deux lieues. Car, il faut remarquer que la Bormida, quoique rapide et profonde, était néanmoins guéable en plusieurs endroits. Les ennemis marquaient vers le pont un acharnement incroyable; mais le point principal de l'action était sur San-Stefano. De cet endroit ils pouvaient gagner Voghera avant nous et nous couper toute retraite. Aussi leurs efforts se dirigèrent-ils toujours sur cette partie la plus faible. A midi il n'y eut plus doute que nous eussions affaire à toutes les forces autrichiennes et qu'ils acceptaient à cette heure le combat refusé la veille.

Succès longtemps incertain. — Des ordres furent donnés aux troupes disponibles, qui étaient sur les derrières, d'arriver promptement. Mais le corps que commandait Desaix était encore fort loin : l'aile gauche, sous les ordres de Victor, commençait à plier : j'apercevais beaucoup d'infanterie se retirer en désordre et notre cavalerie vivement repoussée. Le feu se rapprochait; au centre un roulement épouvantable se fit entendre et cessa tout à coup sur la Bormida. J'étais dans une anxiété inexprimable et néanmoins j'osais me flatter que nos troupes avançaient; mais, au contraire, je les vis à l'instant revenir en toute hâte, rapportant les blessés sur leurs épaules. Du côté de l'aile droite, je voyais l'ennemi qui gagnait insensiblement sur nous.

Bonaparte se porte en avant, exhorte à la fermeté, au courage, les corps et les soldats qu'il rencontre; sa présence ranime la confiance. Plus d'un soldat préfère la mort en soutenant la retraite au déplaisir de le rendre témoin de sa fuite.

Dès ce moment sa garde à cheval ne resta plus comme auparavant auprès de sa personne; mais, sans être beaucoup éloignée de lui, elle prit une part active au combat.

Une nuée de cavalerie autrichienne déboucha rapidement dans la plaine et se forma en bataille devant nous, masquant plusieurs pièces d'artillerie légère qui ne tardèrent pas à gronder sur nos rangs. Le général Berthier qui examinait de près les mouvements de cette colonne, fut chargé vivement par une partie et se retira sur nous. Murat à la tête des dragons, les prit en flanc, protégea la retraite de notre infanterie et empêcha que le flanc droit de Victor ne fût attaqué.

Les grenadiers à pied de la garde consulaire arrivent en ce moment tels qu'à la parade, ils défilent avec ordre et marchent d'un pas rapide à l'ennemi qu'ils rencontrent à cent pas de notre front. Sans artillerie, sans cavalerie, au nombre de cinq cents seulement, ils ont à soutenir le choc impétueux et terrible d'une armée victorieuse. Mais, sans faire attention à leur petit nombre, ils avancent encore, tout cède sur leur passage; l'aigle altier plane alors autour d'eux et menace de les déchirer. Le premier boulet qu'ils reçoivent emporte trois grenadiers et un fourrier en serre-file. Chargés trois fois pour la cavalerie, fusillés par l'infanterie à cinquante pas, ils entourent leurs drapeaux et leurs blessés en bataillon carré, épuisent leurs cartouches, se hâtent lentement et avec ordre et rejoignent notre arrière-garde étonnée.

Cependant on battait en retraite de toutes parts, le centre fléchissait, l'ennemi dépassait et tournait nos ailes. A l'aile droite surtout, il paraissait avoir un succès marqué. Vers l'aile gauche, il pouvait nous prévenir au quartier général. La garnison de Tortone découvrant notre déroute et moins resserrée, venait de faire une sortie; de tous côtés nous étions enfoncés.

Le Consul, toujours au centre, encourageait le reste des braves qui défendaient la route et le défilé qu'elle traversait, fermé, d'un côté, par un bois et, de l'autre, par des vignes très élevées et touffues. Le village de Marengo flanquait à gauche cet endroit si cruellement mémorable.

Que de sang fut versé en ce lieu! Que de braves gens y périrent! Le courage indomptable avait sans cesse à lutter contre le nombre toujours croissant d'ennemis acharnés. Notre artillerie en partie démontée ou prise avait peu de munitions. Trente pièces de canon activement servies foudroyaient, coupaient en deux les hommes et les arbres, dont les branches, dans leur chute, écrasaient encore les malheureux qui n'étaient que blessés.

Enfin, à quatre heures de l'après-midi, je ne crains pas

d'assurer que dans un rayon de deux lieues au plus, il ne restait pas six mille hommes d'infanterie, présents à leurs drapeaux, mille chevaux et six pièces de canon en état de faire feu. Que l'on ne m'accuse pas d'exagérer en présentant une si prodigieuse défection, dont les causes sont bien faciles à connaître. Un tiers de l'armée était hors de combat; le défaut de voitures pour le transport des malades fit que plus d'un tiers était occupé à ce pénible service, qui pouvait même servir d'un prétexte plausible à plusieurs de s'éloigner à contre-temps de leurs corps respectifs; la faim, la soif, la fatigue avaient forcé un grand nombre d'officiers de s'absenter, et l'on sait ce que produit l'absence des chefs; les tirailleurs, pour la plupart, avaient perdu la direction de leurs corps; enfin, ce qui restait de l'armée, occupé à défendre vigoureusement le défilé dont nous avons parlé, ne songeait nullement à ce qui se passait derrière.

Sang-froid de Bonaparte. — Dans ce moment affreux où les morts et les mourants couvraient la terre, le Consul bravait la mort, au milieu des boulets qui soulevaient la terre dans les jambes de son cheval; au milieu de tous les combattants qui tombaient autour de lui à chaque instant, et donnant des ordres avec son sang-froid ordinaire, il voyait approcher l'orage sans paraître le craindre. Tous ceux qui l'apercevaient, oubliant le danger qui les menaçait eux-mêmes, disaient : *S'il allait être tué! Pourquoi ne se retire-t-il pas?* On dit même que le général Berthier l'en pria. J'eus la curiosité d'écouter attentivement sa voix, d'examiner les traits de son visage. L'homme le plus courageux, l'homme aussi amant que lui de la gloire, pouvait bien être ému, sans qu'on pût lui en faire un crime. Mais non; le Bonaparte d'Arcole et d'Aboukir n'avait point changé dans ces moments de fortune incertaine.

Fig. 9. — Bataille de Marengo (14 Juin 1800). Peint par Carle Vernet. (Musée de Versailles.)

Celui qui, dans ces circonstances terribles pour l'armée française, aurait dit : dans deux heures nous gagnerons la bataille, nous prendrons 10,000 prisonniers, des généraux, quinze drapeaux, 40 bouches à feu; notre ennemi nous livrera onze places-fortes, enfin, tout le territoire de la belle Italie; dans deux jours il défilera honteusement dans nos rangs; un armistice suspendra le fléau de la guerre et amènera peut-être la paix dans notre patrie; celui-là, dis-je, aurait paru vouloir, par ses folles espérances, insulter à notre situation désespérante. Comment tant de prodiges se sont-ils donc opérés?

L'ennemi, ne pouvant forcer le défilé sur lequel s'était reployée la plus grande partie de nos troupes combattantes, avait établi une ligne formidable d'artillerie, sous la protection de laquelle il jetait son infanterie dans les vignes et dans le bois. Sa cavalerie, rangée en bataille par derrière, n'attendait que le moment de nous en voir chassés pour se précipiter sur nos rangs épars. Si ce dernier malheur nous était arrivé, tout était perdu sans ressource; le Consul aurait été pris ou tué, nous nous serions plutôt fait hacher que de lui survivre.

Arrivée de plusieurs renforts. — Mais l'heure de la victoire avait sonné. Fidèle à Bonaparte, elle vient enfin planer sur nos têtes et nous servir de guide. Déjà les divisions de Monnier et de Desaix commencent à paraître. Malgré dix lieues d'une marche forcée, elles arrivent au pas de course; elles oublient leurs besoins et ne sont pressées que de la soif de nous venger. L'affluence des fuyards et des blessés qu'ils rencontraient, aurait pu attiédir leur courage; mais, les yeux fixés sur Desaix, ils ne savent avec lui que braver les dangers et voler à la gloire. Hélas! ils sont bien loin de penser que dans une heure ils ne seront plus commandés par ce brave général! Les grenadiers à pied revenaient couverts de gloire et menaçant de leurs terribles baïonnettes ceux qui naguère vendaient d'avance leurs bonnets (1).

Faute du général Mélas. — Du plus loin que nous aperçûmes ces renforts, l'espérance et la joie rentrèrent dans nos cœurs; tandis que l'ennemi harassé, fatigué de ses propres succès qui lui coûtaient cher, était toujours arrêté par nos braves qui, sans savoir le secours qui arrivait, étaient résolus de périr dans ces nouveaux Thermopyles plutôt que de rétrograder.

Le général Mélas, trouvant donc trop d'obstacles au centre, crut, en étendant ses ailes, nous cerner ou nous couper entièrement. Il y porta ses forces, s'imaginant avoir assez masqué son mouvement et pouvoir nous contenir par son artillerie. C'est ainsi que ne pouvant découvrir ce qui se passait de notre côté et ignorant le renfort qui venait de nous arriver, il se préparait un revers inévitable. En effet, Bonaparte, toujours placé au poste d'honneur et à qui rien n'échappait, saisit l'occasion; ses ordres volent de toutes parts.

Courage de l'armée française. — Aussitôt que le 1er bataillon de la division du général Desaix eut atteint la hauteur, il se forma en colonne serrée. Chacun garda sa distance; chacun reçut ses instructions. Le Consul, le général en chef, les généraux, les officiers de l'état-major parcoururent les rangs et partout inspirèrent la confiance qui précède et enfante les grands succès. Cette opération dura une heure qui fut terrible à passer; car l'artillerie autrichienne nous foudroyait; chaque volée emportait des rangs entiers. Les boulets, les obus ricochaient sur nous, emportant avec eux hommes et

(1) Les soldats de la légion de Bussi avaient ramassé les bonnets des grenadiers morts ou blessés, et nous les montraient en les faisant tourner sur leurs sabres.

chevaux. On recevait la mort sans bouger et l'on resserrait le rang sur les cadavres de ses camarades. Cette artillerie foudroyante atteignait même la cavalerie qui se ralliait derrière nous, ainsi qu'une grande quantité de fantassins des différents corps, qui encouragés par la division Desaix, qu'ils avaient vu passer, accouraient de nouveau sur le champ d'honneur.

Tout est prévu, tout est calculé; les bataillons bouillonnent d'impatience; le tambour, l'œil fixé sur la canne de son major, attend le signal; le trompette, le bras levé, prépare son haleine; le signal est donné, le terrible pas de charge se fait entendre, tous les corps s'ébranlent à la fois; la fougue française, telle qu'un torrent, entraîne tout ce qui s'oppose à son passage; en un clin d'œil le défilé est franchi; partout l'ennemi est culbuté; mourants, vivants, blessés et morts sont foulés aux pieds.

Chaque chef parvenu sur le revers du défilé et prêt à entrer dans la plaine, fait ranger sa division en bataille. Alors notre ligne présente un front formidable. A mesures que les pièces d'artillerie arrivent, elles sont mises en batterie et vomissent la mort à bout portant sur les ennemis épouvantés. Ils reculent; leur immense cavalerie charge en masse avec furie; mais la mousqueterie, la mitraille, la baïonnette l'arrêtent court; un de leurs caissons saute en l'air; l'effroi redouble; le désordre naissant se cache dans la fumée; les cris du vainqueur augmentent leur terreur; enfin tout s'ébranle, tout ploye, tout fuit.

Alors la cavalerie française se précipite dans la plaine, et par son audace cache son petit nombre. Elle marche à l'ennemi sans crainte d'être entamée. A droite, Desaix saute les fossés, franchit les haies, culbute, foule, écrase tout ce qui s'oppose à son passage. A gauche Victor rivalise en vitesse, emporte Marengo et vole vers la Bormida.

Le centre avec moins de force et la cavalerie sous les ordres de Murat s'avancent majestueusement dans la plaine, toujours à demi-portée du canon. Murat inquiète le centre de l'ennemi, précipite et suit son mouvement, tient en échec un corps énorme de cavalerie qui ne peut manœuvrer que sous le feu de trois pièces de huit et d'un obusier. Notre infanterie est prête à le tourner, ayant moins de distance à parcourir pour arriver au pont, pour lui couper, à notre tour, ce point principal de sa retraite. L'intrépide Desaix ayant obliqué vivement à droite sur San-Stefano, coupe entièrement l'aile gauche autrichienne, et, dans le même moment, Kellermann fils, avec huit cent chevaux réunis de plusieurs régiments, fait mettre bas les armes à six mille grenadiers hongrois; le général Zach, chef de l'état-major, est pris par un cavalier du deuxième régiment.

O douleur! c'est alors, c'est dans le moment de son triomphe, c'est après avoir sauvé l'armée et peut-être sa patrie, que l'ami et le modèle des braves, que Desaix est atteint du coup mortel.

La nuit approchait; les troupes de l'ennemi en désordre, cavalerie, infanterie, artillerie, s'amoncelaient les unes sur les autres vers le centre; ils se culbutaient sur le pont dans la rivière; l'artillerie, qu'ils avaient retirée dès le commencement de notre avantage, de peur qu'étant prise, elle ne fût dirigée contre eux, leur était, dans la circonstance, plus nuisible qu'utile, car elle interceptait le passage. Murat, sentant l'importance de précipiter leur retraite et d'augmenter leur confusion, nous fit avancer au grand trot, et déjà nous dépassions une partie de leur infanterie, qui, n'ayant pas d'aussi bonnes jambes que la cavalerie, ne pouvait manquer d'être taillée en pièces ou faite prisonnière. Notre proximité, à si peu de distance, augmenta beaucoup le désordre de l'ennemi. Les grenadiers à cheval et les chasseurs de la garde, tenaient la droite de la route, au

Fig. 10. — Mort du général Desaix à la bataille de Marengo. Dessin lavé de Lafitte.

nombre de deux cents; quatre à cinq cents hommes des 1er, 6e, 8e de dragons et 20e de cavalerie, occupaient la gauche. Murat voltigeait de l'un à l'autre côté. Le moment décisif arrivait : le chef de brigade Bessières, plein de l'ardeur qui nous animait tous, nous parle en militaire qui sait comment on conduit le soldat à la gloire. Nous mettons sabre en main, nos manteaux sont croisés sur la poitrine, nous ajustons nos rênes, nous disposons nos chevaux malheureusement trop fatigués; le désir de faire un nom à son corps enflamme le plus indifférent; les trompettes sonnent la charge, on s'ébranle au petit galop, la terre tremble; par un à droite nous sommes prêts à fondre sur l'infanterie haletante.

La cavalerie autrichienne se décidant à sauver l'infanterie, se porta sur nous en colonne; sa rapidité nous obligea de lâcher prise; nous tournâmes à gauche en obliquant sur eux. Trente pas et un fossé large de deux mètres nous séparent d'eux encore. Sauter le fossé, s'aligner, se sabrer, envelopper les deux premiers pelotons, tout cela ne dura point cinq minutes. Étourdis par ce choc épouvantable, effrayés peut-être de la grandeur des hommes dont le bonnet à poil relevait la stature, les ennemis se défendirent mal et furent taillés en pièces. Nous ne fîmes point de prisonniers et ne prîmes point de chevaux. Sur ces entrefaites, les dragons prirent cette colonne en flanc et en firent un carnage épouvantable. Ils les poursuivirent jusqu'à un ravin où plusieurs furent faits prisonniers.

Notre petit nombre, l'ingratitude du terrain, la nuit qui survint, l'extrême fatigue des chevaux exténués de faim, une cavalerie nombreuse sous les yeux de laquelle l'action se passait et qui aurait pu prendre sa revanche, ne permirent point au prudent et brave Murat d'exposer, en nous laissant aller plus avant, les fruits de cette journée glorieuse. D'ailleurs notre infanterie qui arriva presque aussitôt en tirailleurs, n'aurait peut-être pas eu le temps de se rallier, en cas que nous eussions fait un demi-tour.

Suite de la victoire de Marengo. — Ainsi finit cette mémorable journée. L'obscurité ne permit pas de soulager tous les malheureux blessés; un grand nombre resta sur le champ de bataille. Chacun se coucha où il se trouva, le sac sur le dos et le fusil entre ses jambes. Des cavaliers tenant les rênes dans le bras, s'endormirent eux et leurs chevaux, sans boire ni manger. Dix heures sonnaient à Marengo, lorsque nous revenions lentement vers San-Juliano. Plusieurs, harassés de fatigue et plus encore de sommeil, dormaient sur leurs chevaux, mais étaient à chaque instant éveillés par les cris douloureux de ceux que l'on portait sur des fusils ou des brancards. Des chevaux erraient çà et là sur trois jambes, appelant les nôtres par leurs hennissements. A chaque pas il fallait se détourner pour ne point écraser les blessés. Les fossés et la route se présentaient souvent encombrés de caissons, d'équipages, de canons renversés. Plus loin, quelques maisons dévorées par les flammes écroulaient sur de malheureux habitants à moitié morts de frayeur et cachés dans leurs souterrains. L'obscurité profonde qui nous enveloppait rendait le tableau plus affreux encore.

Tableau du quartier général. — Enfin nous arrivâmes au quartier général qui servait d'ambulance. Chacun se fourra où il put, parmi les morts et les mourants, sans que les cris aigus pussent désormais surmonter la violence du sommeil. Le lendemain, la faim prenant le dessus, j'entrais très tristement dans la cour du quartier général pour tâcher de me procurer ainsi qu'à mon cheval, quelque subsistance, lorsque le spectacle le plus horrible me remplit d'un frissonnement universel. Plus de trois mille blessés, Français et Autrichiens, entassés les uns sur les autres dans la cour, dans les granges, dans les écuries, les étables et jusque dans les caves et les greniers, poussaient de lamentables cris et juraient même contre les chirurgiens, qui ne pouvaient suffire à tous les pansements à la fois. J'entendis de tous côtés la voix languissante de plusieurs de mes camarades, de mes amis qui me demandaient à boire ou à manger. Tout ce que je pouvais faire était de leur aller chercher de l'eau dans ma gourde; et en effet, oubliant mes propres besoins et ceux de mon cheval, je restai plus de deux heures à faire tour à tour le service de chirurgien et d'infirmier. Toutes les personnes valides en firent autant.

(*Marengo, ou campagne d'Italie par l'armée de réserve*, par JOSEPH PETIT, grenadier à cheval de la garde des consuls.)

XI

NAPOLÉON ET L'ITALIE

L'armée autrichienne retournée sur le Mincio, les places du Piémont remises aux troupes françaises, le premier Consul s'occupa du rétablissement de la République italienne : il donna une nouvelle vie à ce pays. Toute cette population éprouva une profonde joie et un véritable bonheur d'être délivrée des Autrichiens ; l'avenir semblait lui promettre les plus belles et les plus vastes destinées. Le premier Consul, en se refusant à les remplir, s'est ôté un appui qui, dans le malheur, ne lui aurait jamais manqué. En calculant toujours froidement les intérêts de son orgueil et leur sacrifiant tout, il s'est procuré momentanément des jouissances, mais il les a payées cher. Il a compté pour rien le vœu légitime des peuples, et plus qu'un autre il en connaissait l'efficacité ; car primitivement sa puissance n'avait pas eu d'autre base. Les Italiens, si remarquables par leurs lumières, par leur esprit, par la douceur de leurs mœurs, si riches par la possession du sol le plus fertile de l'Europe, si favorisés par le plus délicieux climat, si grands par le souvenir de ce qu'ils ont été, ne formaient alors, ne forment encore qu'un vœu, qu'un désir, n'ont qu'un besoin : c'est de devenir une nation, de retrouver l'indépendance politique qu'ils ont perdue depuis tant de siècles d'oppression, et de voir réunies en un tout compacte tant de parties homogènes. Leur langue est la même ; les plus hautes montagnes ou la mer les environnent de toutes parts, et ils possèdent tous les moyens nécessaires à leur conservation, à leur défense, à leurs besoins. Si Bonaparte, s'élevant au-dessus d'une politique vulgaire et d'une ambition commune, avait rempli ce vœu, avait fondé sans arrière-pensée, et dans l'intérêt propre de ce pays, un grand État en Italie, la France eût trouvé en cette puissance un allié fidèle, contribuant puissamment à maintenir sa suprématie en Europe et le repos du monde. C'est dans l'intérêt et l'honneur des peuples que sont les bases d'une politique durable : mais c'est un langage que Bonaparte n'a jamais compris.

(*Mémoires du maréchal* MARMONT, *duc de Raguse.* — Perrotin, éditeur.)

XII

BATAILLE DE HOHENLINDEN

(3 décembre 1800.)

Le général Moreau commandait en chef l'armée d'Allemagne. Il paraît que les Autrichiens nous croyaient en désordre et comptaient sur leur nombre, puisque, contre leur coutume, ils vinrent attaquer nos avant-postes sur les bords de l'Inn. Le général feignit d'opérer sa retraite jusqu'à Hohenlinden.

Je n'entrerai point dans le détail de cette affaire; je me borne au récit de la conduite que j'eus l'occasion d'y tenir.

Dans notre mouvement rétrograde, je me trouvais à la tête de l'artillerie à cheval de l'arrière-garde. Je suis persuadé que je suis le seul officier de mon grade qui prévis que nous allions cesser de battre en retraite : voici pourquoi.

Le général en chef, en passant à onze heures du soir devant la position que j'occupais en deçà de Haag, s'était approché de moi pour me donner les ordres suivants : « Vous vous retirerez lentement, me dit-il, devant l'ennemi en l'engageant dans la forêt; vous profiterez de tous les avantages que le terrain vous fournira pour l'y arrêter et l'y contenir le plus longtemps possible, de manière à ce qu'il n'ait pas la facilité de déboucher dans la plaine avant le jour, et plus tard si vous le pouvez. »

Je me mis en devoir d'obéir; je me dirigeai à travers la forêt et donnai à ma marche une apparence de désordre adroitement calculée, ce qui ne m'empêchait pas d'envoyer de temps à autre des volées à l'ennemi quant il se mettait à découvert en me poursuivant. J'avais toujours le soin de jeter devant ses rangs quelques obus pour tenir sa marche éclairée et diriger ma canonnade. Ce fut ainsi que je parvins jusqu'au

Fig. 11. — Bataille de Hohenlinden. Tableau de Schopin. (Musée de Versailles.)

débouché de la forêt, sans perdre aucun homme, tandis que je faisais beaucoup de mal aux Autrichiens, qui nous suivaient sans prudence, nous croyant en pleine déroute.

Comme le jour n'était pas loin, et que je ne devais céder que jusqu'à sa naissance, je me hâtai de faire mes dispositions à la sortie du bois. L'inspection rapide du lieu me détermina à partager mes forces en trois parties : je jetai à gauche et à droite, derrière des taillis, trois batteries d'artillerie à cheval, avec défense de faire usage d'autre chose que de mitraille et d'obus. Je donnai de plus l'ordre d'attendre pour tirer que j'eusse commencé le combat sur la grande route, et de front, avec les pièces que j'avais gardées sous mon commandement immédiat.

Nous restâmes dans cette position jusqu'à ce qu'il fût grand jour, et je vis, avec un plaisir incroyable, la confiance de l'ennemi montée à un tel point que la cavalerie autrichienne et son artillerie entraient en colonne en suivant la route.

Cette imprudence leur coûta cher. L'archiduc Jean commandait ces troupes en personne; il croyait la victoire certaine; pour moi, je semblais me retirer toujours, pour les faire entrer tout à fait entre mes batteries. Enfin je vis qu'il était temps; je fis halte et j'engageai l'affaire sérieusement; à l'instant mes batteries de droite et de gauche dirigèrent un feu terrible sur cette malheureuse cavalerie, qui, prise en trois sens et ne pouvant reculer à cause de l'encombrement de ses trains d'artillerie et du peu de largeur du chemin, fut culbutée si complètement que, pour me porter en avant, pour achever mon opération, je fus obligé de faire un détour, tant les hommes, les chevaux, l'artillerie formant la colonne imprudemment engagée, avaient obstrué la route.

Pendant mon action, les généraux Richepanse et Grenier avaient tourné l'ennemi, l'un par la droite, l'autre par la gauche, de manière que vers onze heures du matin (douze heures juste après l'ordre que j'avais reçu du général en chef) j'entendis son canon du côté de Haag et je jugeai l'affaire décidée en notre faveur; elle l'était en effet. Depuis sept quarts d'heure, j'écrasais, à demi-portée de mitraille, la colonne autrichienne presque hors d'état de me répondre. Alors le général Moreau donna l'ordre à l'infanterie et à la cavalerie de charger dans la partie du bois où chaque arme pouvait donner et les Autrichiens nous abandonnèrent douze mille hommes, cent vingt pièces de canon, vingt généraux, trente drapeaux et la caisse de l'armée.

Comme les chevaux de l'artillerie autrichienne n'étaient plus en état de servir, tant à cause du verglas qu'à cause de leurs blessures et du désordre inséparable d'une pareille déroute, nous nous trouvions forcés d'abandonner les pièces prises; cela me désolait et je résolus de tout tenter pour les emmener : j'y réussis; mais je dois dire ici que si nous sauvâmes un si grand nombre de canons enlevés à l'ennemi, on le dut au dévouement de quelques bataillons d'infanterie qui, à ma prière, se joignirent à mes canonniers pour conduire à bras cette superbe artillerie, que je vins à bout de sauver tout entière et qui fut parquée à côté de la route de Munich, dans un emplacement indiqué par moi.

Dans cette glorieuse journée au succès de laquelle je crois avoir eu le bonheur de contribuer, j'eus deux chevaux tués sous moi. Le général en chef me témoigna publiquement sa satisfaction et demanda au premier Consul un sabre d'honneur pour moi.

(*Mémoires militaires du colonel* SÉRUZIER.)

FIN DE L'EXPÉDITION D'ÉGYPTE

XIII

LE SERGENT TRIAIRE

(DÉCEMBRE 1799.)

Les Turcs, campés devant le fort d'El-Arish, ignorant ou feignant d'ignorer qu'une trêve avait été conclue, sommèrent ce fort de se rendre. Il était commandé par un bon officier, le colonel du génie Cazals. Il refusa toute capitulation, et le siège commença.

Mais l'on avait parlé à la garnison de la trêve, de l'évacuation prochaine de l'Égypte; on en concluait l'inutilité de la défense. Il se forma dans la garnison deux partis : les braves qui voulaient, avec le commandant, défendre le poste, et les mécontents, qui demandaient la capitulation. Ceux-ci eurent l'infamie d'ouvrir une poterne aux Turcs. Une fois dans la place, les Turcs se mirent à couper la tête à tous les Français, sans distinction. Les traîtres rentrèrent dans le devoir et reprirent les armes; tous se réunirent contre les Turcs et en tuèrent un grand nombre; mais il était trop tard, et, quand il jugea la situation désespérée, un brave homme, garde d'artillerie, nommé Triaire, s'enferma dans le magasin à poudre et y mit le feu. Le fort sauta avec tous ceux qu'il contenait, Français ou Turcs.

Cet acte de désespoir eut lieu vers le 30 décembre, mais nous ne l'apprîmes que beaucoup plus tard.

(*Mémoires militaires du colonel* VIGO-ROUSSILLON. — *Revue des Deux-Mondes* du 15 avril 1890.)

XIV

LA RÉVOLTE DU CAIRE

(20 MARS-21 AVRIL 1800.)

Le 29 ventôse (1), il se fit un rassemblement à Boulaq, composé de la populace du pays et d'un grand nombre d'Osmanlis restés au Caire et dans les environs, au moment où l'armée turque fut attaquée. En moins d'un quart d'heure, la révolte éclata à Boulaq et au Caire. Partout les Français furent poursuivis et quantité d'entre eux ne purent échapper à la férocité de ces brigands. L'adjudant général Duranteau, qui commandait le peu de troupes restées au Caire, fit sonner l'alarme par quelques coups de canon, et donna l'ordre pour que tous les Français qui étaient au Caire et à Boulaq se réunissent dans la maison du général en chef, sur la place de l'Esbekieh. Une partie des troupes et des marins de Boulaq se réfugièrent dans l'île de la Quarantaine, entre Boulaq et Aïn-Babet.

Le soir, l'étendard de la révolte courut dans toutes les rues de la capitale, et bientôt la maison du général en chef, où étaient deux cents hommes, vit sa communication interceptée avec la citadelle et tous les forts environnants; un grand nombre d'Arabes se répandirent dans les jardins et chemins attenant à ces deux villes. Quantité d'Osmanlis et de Mamelouks, qui avaient gagné la plaine, lors de la bataille, s'introduisirent dans la ville et augmentèrent le nombre des révoltés.

(1) 29 ventôse an VIII (20 mars 1800). C'est ce jour-là que Kléber battit les Turcs à Héliopolis.

Nasif-Pacha, accompagné de tous les chefs de l'ancien gouvernement, fit son entrée par la porte des Victoires; il annonça au peuple que les Français avaient été taillés en pièces et qu'il venait prendre possession de la capitale au nom du sultan Sélim. Il avait avec lui dix mille cavaliers turcs, deux mille Mamelouks et dix mille habitants des villages circonvoisins qui s'étaient armés.

Ils célébrèrent le triomphe de leurs armes et la défaite des infidèles. Au récit d'aussi belles victoires, les esprits s'animèrent et chacun voulut contribuer au succès du grand vizir.

Cependant notre armée était en marche sur Salahieh, pour chasser les débris de l'armée turque jusque dans les sables du désert.

Dans la nuit du 29 au 30, les batteries de la citadelle envoyèrent quelques bombes sur le quartier de rassemblement.

Dans la même nuit, arriva le général Lagrange, avec une brigade d'infanterie; une partie de cette troupe gagna la place de l'Esbekieh, et plusieurs pièces de canon, mises en batterie, firent un très bon effet sur la populace qui voulait s'emparer du quartier général.

La révolte devint considérable; des barricades en maçonnerie furent faites dans toutes les rues, les maisons environnantes furent murées et crénelées pour servir de refuges et de retranchements aux révoltés.

La plupart des Grecs et chrétiens furent pillés et insultés par les brigands. Les Cophtes de la Syrie furent égorgés et tous les partisans des Français massacrés. Le bombardement redoubla sur tous les points et, à trois heures après midi, on parvint à mettre le feu dans la grande rue du bazar de Boulaq.

Le général en chef, instruit que les villes du Caire et de Boulaq étaient en insurrection, et ne paraissaient pas vouloir rentrer dans l'ordre, fit rétrograder plusieurs corps de troupes, commandés par le général Friant. Des courriers furent expédiés pour faire remonter d'Alexandrie des munitions de guerre. Tous les magasins et l'arsenal étaient dénués de tous ces objets si essentiels.

Les révoltés s'organisaient tous les jours; tous les corps de métiers travaillaient jour et nuit à la destruction des Français; plusieurs pièces de canon qu'ils s'étaient procurées dans le nombre de celles prises par notre armée à Matarieh, et laissées provisoirement sur le champ de bataille, faute de moyens de transport, furent placées, dans des endroits de manière que tous les coups nous détruisaient du monde. Des massacres affreux se faisaient toujours des Cophtes, des Grecs et de tous nos partisans.

La canonnade et la fusillade étaient on ne peut plus vives, mais le bombardement allait très lentement, car nous étions pauvres en fer coulé; cependant le feu fut mis plusieurs fois par la bombe; la grande quantité de terre, qui entre dans la construction des maisons, l'empêcha de se propager.

Le général Friant résolut d'éloigner de la place de l'Esbekieh les ennemis qui, retranchés dans les rues et maisons voisines, nous détruisaient beaucoup de monde. Il fit armer de torches les soldats de la compagnie des dromadaires ainsi que des compagnies de grenadiers pour incendier toutes les maisons environnantes.

Le 2 *germinal*, à onze heures du matin, on commença l'attaque; en moins d'une heure, tout ce quartier fut en flammes; l'après-midi le feu du canon, de la mousqueterie et de l'incendie redoubla plus que jamais, de manière que la ville du Caire paraissait embrasée.

A Boulaq, l'incendie fit également un ravage affreux; le quartier le plus considérable fut dévoré.

Le 6, le général en chef arriva au Caire avec plusieurs corps d'infanterie et une grande partie de la cavalerie.

Le général Kléber ne put faire entendre la vérité aux habitants et les propositions de paix furent rejetées.

Le 8, le feu fut constamment dans différents quartiers de la ville; les cris perçants de la populace se faisaient entendre jusque sur les bords du Nil. Le 9, après midi, les révoltés firent savoir au général en chef Kléber que leur intention était de capituler.

A dix heures du soir, le général envoya près d'eux un homme marquant du pays, pour traiter avec les chefs. Pour toute réponse, ils gardèrent avec eux l'envoyé du général.

Le 10, à deux heures du matin, le feu redouble; des canons de 24, quinze mortiers et plusieurs obusiers de siège font un feu continuel sur la ville. A dix heures du matin, les assiégés renvoient pour capituler. A l'instant, le feu cesse de toutes parts, mais les révoltés saisirent cette occasion pour rétablir leurs barricades et retranchements.

Le soir, la paix fut conclue. Il fut décidé que les troupes du grand vizir, ainsi que les beys et mamelouks, se retireraient dans la Syrie avec armes et bagages; que le nombre de chameaux nécessaires pour le transport de leurs vivres et bagages leur serait fourni pour traverser les déserts; que le lendemain, les troupes françaises prendraient possession des principaux postes du Caire.

Pendant la nuit du 10 au 11, on arrêta un convoi de chameaux, sortant du Caire, chargé d'objets précieux. C'était contre les conditions du traité.

Le 11, à la pointe du jour, les grenadiers furent, conformément au traité, pour s'emparer des premiers postes : les soldats turcs leur firent signe de se retirer en disant qu'ils ne voulaient plus capituler. Nos gens revinrent au quartier général pour faire part du refus. Dans la matinée, des négociations furent entamées de nouveau. A midi, le général en chef donna l'ordre pour que tous les forts et batteries se tinssent prêts à faire feu au premier coup de canon tiré du quartier général. Le restant de la journée et la nuit du 11 au 12 furent

Fig. 12. — Mamelouck sabrant. Peint par Géricault.

assez calmes; chacun espérait que la paix serait définitivement conclue.

Le 12, à la pointe du jour, un coup de canon, parti de la place de l'Esbekieh, annonça la rupture du traité. A l'instant les forts et les batteries grondèrent sur le Caire et sur Boulaq; le feu fut extrêmement violent pendant toute la journée. La nuit, le bombardement fut lentement entretenu jusqu'au lendemain matin.

Le 13, la canonnade reprit sa vigueur de la veille, et l'incendie dans deux quartiers différents du Caire paraissait faire beaucoup de dégâts.

Dans la nuit du 13 au 14, on fit une forte attaque; le bombardement fit un ravage affreux; notre infanterie s'empara de plusieurs points importants où des mosquées servaient de refuge aux révoltés; un nombre considérable de ces derniers furent massacrés à la baïonnette. Par les positions qu'occupaient nos gens, un nombreux rassemblement se trouvait cerné dans un quartier de la ville qui nécessairement devait tomber au pouvoir des Français; mais des soldats se répandirent dans les maisons pour y piller. Les ennemis saisirent ce moment de désordre pour attaquer avec vigueur et contraignirent nos gens à abandonner leur nouvelle conquête en se reployant sur la place de l'Esbekieh. Par ce mouvement rétrograde, vingt grenadiers se trouvèrent cernés par une nombreuse populace et se voyaient au moment d'avoir la tête tranchée par ces brigands. Nos grenadiers, toujours intrépides, font un feu terrible, et, baïonnette en avant, foncent à travers une multitude d'hommes armés, traversent tout un quartier en culbutant ceux qui s'opposent à leur passage et parviennent sur la place de l'Esbekieh sans avoir perdu un seul homme. Plusieurs autres petits postes qui, comme eux, se trouvèrent cernés n'eurent pas autant d'avantage; aucun ne put échapper à la férocité de ces monstres. Nous perdîmes dans cette affaire environ soixante hommes.

Le 16, avec une grande surprise, on vit revenir de la ville un grenadier de la 75e, du nombre de ceux qui furent assaillis dans la journée du 14. Ce brave, voyant trancher la tête de ses camarades, résolut de se tuer, plutôt que de partager leur sort. Il allait se lancer dans les flammes d'un incendie, lorsque, par le plus grand hasard, il reconnaît, parmi la multitude des bourreaux, un Mamelouk qui avait été au service du général Bonaparte; il le nomma par son nom, et aussitôt le généreux Mamelouk lui fit un rempart de son corps. Pendant qu'il cherche à intercéder pour ce malheureux, il reçoit plusieurs coups de fusil dirigés sur le grenadier, et, malgré ses blessures, parvient à le sauver, le cache, et, à la faveur de la nuit, le fait passer du côté des Français. Ce fut un trait d'humanité bien rare pour un Mamelouk.

Le 17, le drapeau rouge fut déployé sur tous les minarets de la ville. A ce signal, les enfants et les vieillards des deux sexes prirent part à l'insurrection. De grands préparatifs furent faits pour une attaque générale; le serment fut prêté de ne pas déposer les armes avant d'avoir anéanti les Français. Le bombardement était toujours suivi autant que le permettait notre approvisionnement; de toutes les parties de la ville, on entendait des hurlements effroyables.

Une douzaine de militaires, indignes du nom de Français, eurent la scélératesse de déserter leur drapeau, pour se ranger du parti des brigands; ils guidaient la marche des révoltés et nous faisaient beaucoup de mal, ayant quelque connaissance de nos ressources et de nos positions; plusieurs même eurent l'insolence de sommer, en leur nom, des forts de se rendre.

Il nous arriva de Rosette un convoi de munitions d'artillerie; cette ressource précieuse rassura beaucoup, car nous étions très pauvres en munitions, et nous avions de grandes craintes que les convois fussent arrêtés par les habitants de la campagne.

Le siège commençait à donner des inquiétudes; les habitants se familiarisaient avec le canon, et s'opiniâtraient; les campagnes commençaient aussi à fermenter et nos moyens diminuaient. A Boulaq, on paraissait se règler sur le Caire pour résister.

Le 22 au soir, un feu considérable dévora différents quartiers de la ville. La 9e et la 22e s'emparèrent d'un poste important; les révoltés tentèrent plusieurs fois de le reprendre, mais les baïonnettes les contraignirent à reculer avec beaucoup de pertes.

Le 23, arriva du Delta la 21e légère. Le soir, l'incendie fut considérable dans la ville. La nuit du 24 au 25, la ville du Caire fut extraordinairement bombardée. Ce ne fut qu'un roulement.

Le 25, à la pointe du jour, Boulaq fut vivement attaqué. En moins d'une heure, les maisons furent en flammes. Sur les huit heures, ordre fut donné d'enlever les barricades à la baïonnette. La charge se fait entendre, nos soldats se précipitent sur les retranchements; en moins d'une heure, Boulaq est en notre pouvoir. Cependant les révoltés se réfugièrent dans les maisons, qui devinrent autant d'obstacles; on fut obligé d'y mettre le feu. La ville fut livrée au pillage et aux horreurs de la guerre. La plupart des habitants avaient fui. Le quartier des marchands et négociants n'était qu'un brasier, le reste des maisons s'était écroulé; enfin, le tout faisait horreur.

Le feu continuait à faire de grands ravages au Caire, spécialement dans les environs de la place de l'Esbekieh.

Mourad-Bey, avec ses Mamelouks, était campé du côté des Pyramides de Memphis, à trois lieues de Gizeh. Il fit descendre de la haute Égypte des grains et des bestiaux pour alimenter notre armée; il respecta religieusement le traité fait avec les Français.

Le 26, au soir, on fit de grands préparatifs pour attaquer le Caire, s'emparer des postes importants et incendier les quartiers que l'on ne pourrait pas conserver. Tout fut également préparé pour faire jouer une mine établie sous une grande maison, située à l'angle de la place de l'Esbekieh; elle servait de refuge aux insurgés.

L'attaque eut lieu une heure avant la nuit; la garnison de

Fig. 13. — Kléber. D'après une miniature de Jean Guérin. (Musée du Louvre.)

la citadelle fit une sortie, la division Reynier s'introduisit dans la ville par la Goubbeh et les troupes attaquèrent du côté de la place. Déjà notre infanterie s'avançait; des barricades étaient enlevées à la baïonnette; les ennemis avaient été attirés sur la maison qu'on voulait faire sauter. Mais il survint un orage si violent que les habitants même en furent étonnés; le tonnerre grondait fortement sur la ville, et paraissait vouloir seconder les Français. Le sol devint si mauvais pour les hommes de pied qu'il était impossible de se tenir debout. Cet inconvénient, joint aux craintes que l'incendie ne pût réussir rapport à l'humidité des roseaux, fit donner contre-ordre, toutes les troupes arrêtèrent leur marche et rentrèrent dans leurs positions.

Les 27 et 28 furent assez calmes.

Le 28, au soir, le général en chef fit attaquer la ville du Caire sur tous les points. La division Reynier fit son attaque du côté de la porte des Victoires. On fonça, sans brûler une amorce, sur les retranchements ennemis, malgré une pluie de balles. S'emparant des premières tranchées, on fit une boucherie horrible de tous ceux qui voulurent résister. Avec le même sang-froid, on se rendit maître de la deuxième ligne de retranchements qui fut défendue avec une opiniâtreté extraordinaire. Mais rien ne put tenir. La division pénétra dans l'intérieur en culbutant tout. Des maisons murées et crénelées servaient de refuge; il fallut les incendier pour contraindre les ennemis à en sortir. Après en avoir détruit un nombre incalculable, on se rendit maître d'un quartier considérable de la ville.

La colonne qui attaqua du côté de la place de l'Esbekieh eut d'abord de grands avantages; la mine joua avec beaucoup de succès, ensevelissant quantité d'ennemis sous les décombres. Mais, par une malheureuse méprise, nos troupes ne purent percer plus avant et la jonction avec la division Reynier ne put avoir lieu. Cette affaire fut on ne peut plus meurtrière, car nos hommes étaient harassés d'avoir fait jouer la baïonnette. Le nombre d'hommes tués chez l'ennemi fut incalculable; on prit deux canons. Nous eûmes dans cette attaque environ six cents braves hors de combat.

Mourad-Bey, toujours en bonne intelligence avec le général Kléber, fit entrer en secret, au Caire, un de ses sujets pour engager Ibrahim-Bey et Nasif-Pacha à capituler; ces derniers envoyèrent trois parlementaires au quartier général : Kléber leur donna audience devant son état-major. Après avoir rejeté les exigences des assiégés, il les conduisit à une croisée d'où l'on voyait le Caire et Boulaq. Leur montrant cette dernière en brasier, il leur dit que tel serait bientôt l'état de la capitale si elle ne se soumettait. Les envoyés retournèrent dans le Caire pour faire part de ce qu'ils avaient vu et entendu. Ils revinrent un moment après avec des conditions qui ne purent encore être acceptées. Le bombardement redoubla.

Dans la nuit du 30 germinal au 1er floréal, la division Reynier s'introduisit plus avant dans la ville sans grande résistance. La perte des assiégés dans la journée du 28 avait tellement répandu l'effroi qu'ils paraissaient vouloir capituler.

Le 1er floréal, les parlementaires revinrent pour la troisième fois; les hostilités cessèrent et le lendemain une capitulation fut définitivement conclue.

(*Journal du canonnier* BRICARD. — Hachette et Cie, éditeurs).

XV.

ASSASSINAT DE KLÉBER (14 JUIN 1800). LE GÉNÉRAL MENOU

Le nouveau général en chef s'était montré bon général, politique habile, administrateur prévoyant, et nous venions de faire, en réalité, pour la seconde fois, la conquête de l'Égypte. Mais nous avions perdu dans ces insurrections, dans les combats de rues et les batailles, d'excellents soldats qu'il était impossible de remplacer comme qualité. Sous le rapport du nombre, Kléber avait fait entrer dans nos rangs des Syriens, des Coptes, et même des nègres. Tous les tambours de la 32e étaient de cette race. On les avait habillés de drap noir et tout galonnés d'argent. Le général en chef avait aussi créé une légion copte, dont tous les officiers et les sous-officiers étaient Français. Les caravanes de Syrie, d'Arabie, du Darfour, avaient commencé de reparaître au Caire. Tout semblait renaître, quand un malheur terrible, irréparable, vint frapper l'armée.

Nous apprîmes, le 17 juin, la fatale nouvelle de l'assassinat du général Kléber par un musulman fanatique. Le général se promenait dans le jardin de la maison du quartier-général, au Caire, avec M. Protain, architecte de l'armée. Il lui montrait les travaux de réparations qu'il y avait à exécuter pour faire disparaître les traces de projectiles qu'avait laissées la dernière insurrection, quand un Turc qui s'était caché dans une citerne abandonnée, se jeta sur le général et lui plongea deux fois un poignard dans la poitrine. M. Protain, qui cherchait à défendre le général avec une petite canne qu'il portait à la main, reçut également un coup de poignard; il en guérit; mais le général en chef était mort presque aussitôt.

L'armée fut consternée de ce malheur si imprévu. Le général Kléber s'était montré, sous les ordres de Bonaparte, assez frondeur, peut-être un peu indiscipliné en paroles, cependant c'était lui que Bonaparte avait choisi comme le plus digne. Il avait encore grandi avec le danger. Kléber avait véritablement sauvé l'armée à Héliopolis, et depuis il avait complètement rétabli notre situation en Égypte.

Le général Menou allait, comme le plus ancien des généraux de division, remplacer le général Kléber. L'armée faisait entre eux une grande différence. Kléber avait eu les sympathies de tout le monde et était accompagné dans la tombe par des regrets universels. Menou était peu connu et cependant peu estimé. On le tournait en ridicule; il se faisait appeler Abdallah et laissait croire qu'il s'était fait musulman. L'armée aurait bien préféré le général Reynier, ami intime de Kléber, initié à ses projets.

Dès ses débuts dans le commandement en chef, le général Menou déplut à l'armée et s'aliéna les généraux par des ordres du jour maladroits dirigés contre de prétendues concussions. Il était facile de reconnaître en lui un de ces hommes qui, après avoir fait partie des assemblées politiques, voient partout des conspirateurs, pratiquent l'espionnage et encouragent les dénonciations. Elles devinrent fréquentes avec le général Menou, et elles étaient inconnues avant son commandement.

(*Mémoires militaires du colonel* VIGO-ROUSSILLON. — *Revue des Deux-Mondes* 15 août 1890.)

CAMPAGNES A SAINT-DOMINGUE ET AUX ANTILLES

XVI

INCENDIE DE LA VILLE DU CAP FRANÇAIS (1)

(FÉVRIER 1802.)

Tout à coup vingt coups de fusil à balles, tirés à quarante pas de la maison, firent retentir l'air de leurs détonations et de leurs sifflements, et furent suivis de cris affreux d'effroi et de douleur.

Mon compagnon le vice-consul américain et moi nous courûmes à nos armes, et en un clin d'œil nous fûmes dans la rue. La foule éplorée nous conduisit sur une petite place voisine, où nous vîmes avec horreur, à la lueur des torches, huit cadavres étendus à terre. C'était toute une famille de blancs qui venaient d'être surpris dans la tentative d'aller rejoindre la flotte française. Christophe avait ordonné leur mort; et leur escorte, sans aller plus loin, les avait fusillés en cet endroit, à bout portant.

En fuyant cet affreux Golgotha, nous tombâmes dans une large rue que remplissait une foule d'habitants de tout sexe, de toute couleur, de tout âge. C'était la population qui, alarmée sur les mauvais desseins de Christophe, allait en masse se jeter au pied de ce général pour le supplier d'épargner la ville, de sauver les propriétés et de préserver les personnes de la misère, de la famine et d'une lente et douloureuse ago-

(1) Port sur la côte septentrionale de Saint-Domingue.

nie. Déjà ce barbare avait répondu à l'aide de camp de l'amiral par des menaces et des paroles arrogantes, déclarant qu'il bravait l'autorité de la France et qu'il le lui montrerait bientôt. Son insolence n'eut plus de bornes lorsque, ayant rassemblé ses troupes et leur ayant fait prêter serment de combattre les Français jusqu'à la mort, il se vit assuré de forces assez grandes pour exécuter ses projets. Les autorités municipales, les familles les plus distinguées de chaque caste, les femmes, les enfants se prosternèrent à ses pieds pour le fléchir. Un homme de sa couleur, le nègre Télémaque, qui était maire de la ville, l'adjura avec des larmes, par les raisons les plus puissantes, de ne pas attacher à son nom un souvenir qui le ferait exécrer. Il ne répondit que par des injures et des vociférations, répétant que si l'escadre française pénétrait dans la rade il ne resterait pas pierre sur pierre et que la terre même brûlerait.

L'esprit sanguinaire du chef animait déjà ses soldats et leur inspirait les actions les plus révoltantes. En passant sur une place où s'élevait une église, nous y trouvâmes une multitude de femmes agenouillées à terre, priant Dieu avec ferveur de détourner les malheurs dont leurs familles étaient menacées. Un prêtre vénérable les exhortait à cette vertu chrétienne si difficile à pratiquer quand on est au comble de l'infortune : la résignation. Ses paroles furent interrompues par un tumulte, des cris, des gémissements. C'était un escadron de la cavalerie nègre qui s'était rué sur ces malheureuses créatures, les foulant aux pieds des chevaux, et marquant chacun de leurs pas par un nouveau meurtre ou d'horribles blessures. Le prêtre, pour sauver ces infortunées, les fit entrer dans l'église, dont il défendit la porte en y élevant un autel où il exposa le Saint-Sacrement. Il resta lui-même dehors pour repousser l'ennemi par la prière ou l'anathème. Mais, pendant qu'il gardait ce poste, les cavaliers, tournant l'église, y mirent le feu, et la plupart des femmes qui s'y étaient réfugiées périrent dans l'incendie.

Jusqu'alors l'insurrection ne s'était engagée que par des fanfaronnades et des atrocités, et j'avais encore quelque espoir qu'en voyant entrer, peu d'heures après, la flotte française, elle reculerait devant l'exécution de ses projets. Je ne tardai pas à être détrompé. Une lumière subite, une violente détonation et les sifflements aigus de mille débris projetés dans les airs nous apprirent, à nos risques et périls, qu'une grande explosion avait lieu. C'était celle d'un magasin à poudre auquel Christophe avait fait mettre le feu. Je jugeai que l'évacuation de la ville allait suivre cette mesure et qu'elle en précédait l'incendie, crime que j'avais refusé de croire possible tant il était sauvage et barbare. Cette conviction nous détermina, mon compagnon et moi, à gagner, par des rues détournées, la demeure de Mme Lucie, pour l'emmener avec sa famille chercher un refuge à bord de quelque navire de la rade. Chemin faisant nous fîmes mille rencontres, nous eûmes mille aventures plus dangereuses les unes que les autres; enfin, nous arrivâmes pour trouver la maison fermée, abandonnée, mais défendue par le pavillon américain, qui était arboré sur la porte entre deux gros lampions. Le consul nous avait prévenus; il avait conduit ces dames en rade, et pour tâcher de sauver leur habitation, il l'avait mise sous la protection du drapeau des États-Unis.

Il eût été sage de quitter la ville et je l'aurais fait sans doute si j'eusse été seul; mais mon jeune compagnon connaissait si bien les localités qui devaient protéger notre retraite, il était à la fois si calme et si intrépide que le danger de rester jusqu'à la dernière extrémité me parut pouvoir être affronté. Notre résolution ne tarda pas à être mise à l'épreuve. Une effroyable explosion secoua la maison si violemment que nous crûmes qu'elle s'abîmait sur nous. C'était un autre magasin à poudre que les nègres faisaient sauter. Une grêle de brandons de feu tombant sur tous les édifices des environs, l'incendie menaçait de nous entourer. Pour reconnaître notre situation, nous montâmes sur une terrasse qui dominait les

Fig. 14. — Incendie de la ville du Cap Français. D'après une gravure contemporaine. (Bibliothèque Nationale.)

toits, et que, dans des temps plus heureux, on avait ornée de caisses d'arbrisseaux rares, odoriférants. Nous ne pûmes d'abord rien distinguer qu'une pluie d'étincelles traversant une atmosphère de fumée bleuâtre, avec des reflets roux et dorés. On avait peine à respirer au milieu des vapeurs sulfureuses et enflammées qui remplissaient l'air. Mais le vent de terre, soufflant par rafales, chassa ces nuages vers la rade et nous permit de découvrir la ville et de planer sur une vaste étendue de ses quartiers les plus beaux. La nuit n'y apportait aucun obstacle, car des lueurs qui s'élançaient vives et abondantes de plusieurs foyers éclairaient les édifices, les rues, les places publiques, et faisaient discerner, à l'aide de ce jour faux et sinistre, la population éperdue, ainsi que les soldats postés à chaque carrefour pour s'emparer d'elle et la soumettre aux violences, aux outrages, aux indignités qu'infligent à leurs prisonniers les hordes africaines les plus barbares. Ces foyers de lumière étaient six ou sept incendies partiels dont les flammes s'élevaient au-dessus des maisons de la ville. Mon compagnon s'orienta, et reconnut que les édifices les plus utiles, les plus grands et les plus beaux étaient ceux déjà livrés à la destruction. C'étaient notamment : le palais du gouvernement, l'arsenal, les casernes, les bureaux de la marine, les magasins de l'État, le greffe des tribunaux et une partie du vaste hôpital de la Providence, où gisaient une multitude de malades, avec des femmes, des enfants, qui étaient venus y chercher un refuge.

Pendant que ce spectacle effrayant se développait dans la vaste perspective de la ville, notre attention fut attirée par des clameurs si fortes qu'elles semblaient la voix de tout un peuple. Cette immense tumulte grandissait en s'approchant, comme le bruit des flots irrités de la marée montante; il venait vers nous lentement par l'extrémité de la cité, là où s'élève une ceinture de mornes escarpés et stériles, sans autre habitation qu'une vigie, et sans autres chemins que des sentiers âpres et sinueux. Notre anxiété déjà si grande redoubla quand nous distinguâmes, au milieu de cet assemblage de sons d'abord confus, des cris, des sanglots, des imprécations, les plus terribles expressions du désespoir des victimes et de la fureur de leurs bourreaux. Enfin nous vîmes arriver et passer sous nos yeux, en bas de la terrasse où nous étions embusqués, la malheureuse population de cette ville, naguère encore si prospère, marchant entre deux rangs de soldats noirs qui, sans pitié pour les femmes, les vieillards, les enfants, hâtaient leurs pas chancelants par des menaces et des coups. Arrachés pendant la nuit à leurs foyers domestiques, ces captifs étaient à peine vêtus; les uns emportaient dans un chétif paquet, encore trop pesant pour leurs forces, tout ce qui devait leur rester de leur prodigieuse fortune; les autres, ne songeant qu'à leur famille, étaient chargés de leurs vieilles mères et attiraient après eux leurs enfants en pleurs; on en voyait qui s'associaient pour transporter leurs malades, pour soutenir des blessés dont le sang ruisselait encore.

Une troupe de nègres, choisis parmi les plus féroces de ces brigands, devançait la colonne pour la grossir, en tirant par force de leurs maisons les habitants de l'un et de l'autre côté de la rue. Quand les portes étaient fermées, ils les forçaient avec des pinces de fer; ils s'introduisaient dans les appartements, prenaient tout ce qui était à leur convenance, bouleversaient chaque chose pour découvrir les trésors cachés, et, saisissant les hôtes de ces demeures, ils les traînaient dehors, pour les réunir aux autres captifs.

Dès que la colonne des captifs était passée, une autre troupe de bandits, commandée par des officiers nègres couverts d'habits brodés d'or, se jetait dans la maison dévastée, y ramassait tout ce qu'il y avait de combustible, et au moyen des lances à feu dont elle était armée embrasait en un instant chaque édifice. Bientôt les flammes qui s'élançaient par toutes les issues, qui se frayaient un passage à travers les toits, qui, surbaissées par le vent, s'étendaient d'un côté des rues à l'autre côté, ne formèrent plus, en se réunissant, qu'une nappe de feu, grande de plus d'une lieue carrée.

Plus d'une fois l'incendie, dans ses progrès rapides, dévora des maisons où il restait encore des habitants qui, cachés sous les combles, avaient trompé les perquisitions faites dans leur domicile. On les voyait fuir devant le feu qui les poursuivait de chambre en chambre, d'étage en étage; puis ils disparaissaient dans des tourbillons de flammes et de fumée quand les planchers s'abîmaient sous leurs pas, ou lorsqu'un mur s'écroulait sur leur tête avec fracas. C'était le sort qui nous semblait réservé, car si la maison où nous étions n'avait pas été incendiée, par respect pour le pavillon des États-Unis qui la couvrait, il était impossible qu'elle continuât longtemps encore d'échapper au contact de la flamme qui consumait les maisons voisines. Il était temps que nous fissions notre retraite.

Des pyramides de flammes surgissaient autour de notre asile et faisaient pleuvoir sur nous des charbons ardents. Nous quittâmes notre belvédère et sortîmes de la maison par une porte donnant sur la rue de derrière. De là, nous pûmes gagner des jardins en franchissant leur clôture, et traverser des rues dont les édifices moins considérables fournissaient moins d'aliments au feu. Il y en eut une cependant où nous faillîmes rester, la flamme de chacun de ses côtés se rejoignant presque au milieu, où nous devions passer dans un défilé très étroit. Il nous fallut braver une fumée étouffante et une température de four à boulets rouges. Mon brave camarade y perdit sa belle chevelure saxonne; j'en fus quitte pour quelques brûlures. Arrivés au bord de la mer, nous tombâmes dans un cordon de troupes noires; mais le vice-consul se fit connaître, et nous passâmes sans trop de difficultés. Une embarcation nous conduisit à bord du navire américain, où le consul lui-même avait établi son quartier général.

MOREAU DE JONNÈS.

(*Aventures de guerre au temps de la République et du Consulat.* Paris, 1893. Guillaumin et Cie, éditeurs.)

XVII

DIFFICULTÉS DE LA GUERRE A SAINT-DOMINGUE

La campagne qui s'ouvrit au moment où nos troupes mirent le pied à terre ne fut pas moins étrange que désastreuse. L'ennemi ne tint nulle part, et pourtant il ne cessa pas d'être maître du pays. Vainqueurs partout, nous ne possédions rien au delà de la portée de nos fusils. Toute la guerre était dans l'exercice des jambes; et par cela seul, sous un climat brûlant, elle avait des fatigues accablantes, plus meurtrières que la fusillade et le canon. Le mérite militaire n'était plus dans la stratégie, dans l'intrépidité à braver le feu de l'artillerie ou les salves des bataillons; il consistait à gravir un escarpement, à passer un ruisseau gonflé changé en un torrent impétueux, à s'embourber jusqu'à mi-corps dans la vase infecte des palétuviers, à souffrir les piqûres cuisantes des cactus, des campêches, des grandes urticées et des mille plantes épineuses des Antilles, à porter sans avoir la fièvre des vêtements constamment mouillés par la sueur, par des pluies ou par des rivières, à coucher sur la terre inondée, sans abri contre la fraîcheur des nuits, à se refuser au bonheur de boire l'eau glacée des sources ou de se délecter avec les plus beaux fruits des Hespérides.

Le régime des troupes n'était pas seulement funeste parce qu'il changeait vivement leurs habitudes, mais encore parce qu'il détruisait leur force et leur santé. La soupe, qui est l'aliment ordinaire du soldat français, était un mets rare et d'un usage difficile. On ne pouvait en faire avec la viande salée à moitié corrompue qu'on distribuait au camp; et quant à la viande fraîche qu'on se procurait parfois, elle était si maigre et si sèche qu'elle ne donnait que de mauvais bouillon; et de plus il fallait se résoudre à l'alternative de la manger palpitante ou gâtée, tant le climat la décomposait promptement. Nous n'avions pas, comme dans la guerre de Belgique ou d'Allemagne, la ressource abondante des porcs : ceux de la colonie avaient disparu; et d'ailleurs ils étaient si petits qu'une seule compagnie aurait mangé tout un troupeau.

Nos soldats s'accoutumèrent assez vite à substituer au pain les racines féculifères du pays; mais une privation leur parut fort dure : sous ce climat ardent, où l'on éprouve une soif insatiable, il n'y a rien pour l'apaiser, ni vin, ni bière, ni cidre; rien, si ce n'est de l'eau ou du tafia, alcool tiré des cannes à sucre et dont la violence est extrême. L'homme qui a pris l'habitude d'en boire ne laisse plus d'espoir. C'est le breuvage de Circé, qui, avant de causer la mort, produit la perte une à une de toutes les facultés de l'esprit et du corps.

Une autre privation aussi pénible que dangereuse était celle d'un sommeil paisible et réparateur. On ne pouvait dormir, quoiqu'on en eût toujours envie, parce qu'aussitôt qu'on fermait les yeux, on était assailli par des nuées de mouches armées de dards acérés qui versaient dans chaque blessure qu'elles faisaient une goutte de venin causant une tuméfaction, une irritation et un prurit tel qu'on ne pouvait s'empêcher de se gratter jusqu'au sang. Plusieurs fois, dans des rondes de nuit, il m'est arrivé d'entendre dans un campement un grand tumulte : c'était une demi-brigade qui était aux prises avec les moustiques, et qui rugissait de fureur d'être en butte aux cuisantes piqûres de ces insectes sans pouvoir s'en défendre.

Les déconvenues de la vie militaire n'étaient ni moins

Fig. 15. — Les nègres à Saint-Domingue. D'après Géricault.

grandes ni moins nombreuses que celle de la vie privée. Le brave général Debelle, le beau-frère, l'ami de Hoche, me disait avec une profonde émotion : « Nous sommes tout déroutés : c'est à perdre l'esprit. » En effet, il n'était plus question de ces beaux feux de bataillons déployés qui ébranlaient d'abord l'ennemi, puis de ces rapides formations en colonnes serrées pour l'aborder au pas de charge, la baïonnette en avant, au chant de la *Marseillaise* ou au bruit du tambour battant l'air des grenadiers français. La guerre n'était rien de plus qu'un feu de billebaude, comme celui des chasseurs tirant aux lièvres cachés dans les buissons. Il était rare qu'on vît l'ennemi et qu'on pût le joindre. Mais ses coups imprévus n'en étaient pas moins assurés dans les embuscades qu'il nous tendait, et où nous tombions sans cesse avec la plus opiniâtre imprudence. Une ruse africaine, grossière et ridicule, réussissait constamment. Un nègre tout nu paraissait tout à coup devant l'un de nos postes à une faible distance; il s'avançait encore batifolant pour amuser les soldats par ses grimaces; puis il se moquait d'eux et les provoquait par des gestes outrageants. Leur patience était bientôt épuisée, et ils lui envoyaient quelques balles qui ne l'atteignaient pas, car il était alerte à se jeter de côté ou à plat ventre. Irrités de leur propre maladresse, les nôtres s'avançaient pour mieux le viser; bientôt ils étaient entraînés à la poursuite, d'autres les suivaient et tous ensemble ils allaient donner tête baissée dans une embuscade préparée de longue main et où quelques-uns d'entre eux restaient toujours. Moi-même, qui avais fait avec les Caraïbes l'étude de ce genre de stratégie, je manquai deux ou trois fois d'être pris, ce qui m'aurait conduit à être fusillé irrémissiblement.

Une fois, entre autres, des officiers du bord m'emmenèrent près du Limbé chez un riche colon dont les esclaves étaient restés fidèles et par qui nous avions été invités à dîner. Nous pûmes juger, par la réception qu'il nous fit, de ce qu'elle eût été dans un temps meilleur. Pendant qu'on préparait un splendide repas, je fus, suivant ma coutume, herboriser dans les environs, mais en me tenant sur mes gardes. Je ne m'avançai guère sans reconnaître, en me prévalant de ma vieille expérience, que les halliers ou fourrés de bois dont la campagne était entrecoupée servaient de repaires à des hommes ou à des animaux. A la Martinique j'aurais pris les frôlements que j'entendais pour ceux des serpents fer-de-lance; à Saint-Domingue, je les attribuai à des nègres tapis sournoisement dans les broussailles pour quelque mauvais objet. Je fis ma retraite face en tête à l'ennemi, sachant fort bien que les gens à qui j'avais affaire frappaient beaucoup plus volontiers par derrière que par devant. Lorsque, de retour à l'habitation, je fis part de mes observations, on prétendit que j'avais entendu des anolis, sorte de lézards fort multipliés, et sans plus de soucis on se mit à table; mais, à la moitié du dîner, plusieurs coups de fusil furent tirés près de nous. Aussitôt chacun saisit ses armes, se précipite hors de la maison et s'avance dans la campagne au-devant de l'ennemi. Rien ne s'offre à nos regards et déjà on faisait des railleries de la terreur panique qui avait si brusquement interrompu notre excellent repas, quand un nègre se présente à distance et se met à danser avec mille contorsions. Je préviens mes compagnons que c'est infailliblement le loustic chargé de nous entraîner dans quelque guêpier; personne n'en tient compte; on le poursuit, il gagne au pied et nous provoque par des insultes. On tire sur lui; aussitôt des coups de fusil partent des halliers pour nous répondre; nous marchons en avant. Soudain des cris s'élèvent en arrière : c'est l'habitation qui est en feu, et dont l'incendie ne peut être arrêté. Cette fausse attaque avait pour objet de nous en éloigner, et par un raffinement d'audace les insurgés avaient voulu que nous fussions les témoins impuissants de ce désastre qu'ils avaient prémédité. Après une telle déclaration de guerre, nos hôtes ne pouvaient rester sur les ruines de leur maison, et nous fûmes obligés de donner à bord une humble hospitalité à ceux qui deux heures auparavant nous avaient fait une réception royale.

Cette guerre m'était odieuse ; elle ressemblait à ces chasses dans l'intérieur de l'Afrique où les bêtes féroces vous mettent en pièces si vous ne les exterminez pas. Tous les sentiments d'humanité qu'on y apportait étaient récompensés constamment par les plus infâmes perfidies. Je me rappelle que, commandant un poste avancé, j'avais fait garder une fontaine naturelle qui était entre nous et l'ennemi, et dont l'eau nous était absolument nécessaire. Un parlementaire me fut envoyé pour obtenir que je retirasse momentanément mes sentinelles, afin de permettre aux troupes nègres qui se mouraient de soif de venir s'approvisionner en cet endroit. Un refus m'aurait semblé une cruauté, car la privation de l'eau est un supplice sous ce ciel brûlant. Le lendemain, quand nous descendîmes à la fontaine, nous trouvâmes que les nègres avaient profité de ma confiance pour combler pendant la nuit le bassin de cette source avec des cadavres d'hommes en putréfaction.

Une autre fois, les éclaireurs me prévinrent qu'un corps de troupes françaises devait être dans notre voisinage, car on découvrait déjà ses sentinelles perdues. Quand nous arrivâmes pour nous mettre en communication avec elles, nous vîmes avec horreur qu'au lieu d'un poste de notre armée, c'étaient les têtes de plusieurs de nos soldats prisonniers qui avaient été mises au bout d'un pieu revêtu de leurs uniformes, pour simuler des factionnaires et nous attirer par cette cruelle déception.

En retournant à bord je croyais cette triste campagne terminée pour moi, car le bruit courait que la paix avec l'Angleterre allait être rompue; et dès lors l'escadre devait au plus tôt rallier les ports de France. Mais, soudain, l'ordre fut donné de débarquer l'artillerie et l'infanterie de marine avec deux à trois mille matelots, afin de défendre la ville du Cap, menacée par l'ennemi qui était en force à la vue de ses avant-postes. Peu s'en fallut même qu'elle ne fût surprise, lorsque nous avions une armée de 20,000 hommes pour la couvrir et que les troupes nègres fuyaient de toutes parts. Cette singularité peint très bien la guerre que nous faisions. Nous étions victorieux partout, et pourtant la possession

Fig. 16. — Révolte des nègres à Saint-Domingue. D'après une gravure de l'époque. (Bibliothèque Nationale.)

du pays nous échappait sans cesse. Nous poursuivions à outrance une nuée de fuyards vers les mornes de l'intérieur, et en passant dans la profondeur des ravins, entre nos colonnes, des bandes nombreuses se glissaient sur les derrières de nos troupes et venaient attaquer vivement les corps de garde de la ville, qu'on croyait dans la plus grande sûreté.

MOREAU DE JONNÈS

(*Aventures de guerre au temps de la République et du Consulat.* — Paris, 1893. Guillaumin et Cie, éditeurs.)

XVIII

LA FIÈVRE JAUNE A LA MARTINIQUE

Le fléau planait sur nos têtes, comme l'ange de la mort, et ses coups, frappés par une main invisible, abattaient ensemble au milieu de nous la jeunesse, la force, la beauté, le talent. Rien ne pouvait les détourner, et la science médicale était complètement impuissante.

Il avait apparu presque en même temps à Saint-Pierre, dont le port était rempli des navires du commerce; — au Fort-de-France, où accouraient les étrangers; — dans les citadelles, où nos troupes étaient logées dans des casernes qu'avaient habitées les soldats anglais, et qu'on n'avait point désinfectées; — dans les hôtelleries des villes, dont les lits avaient reçu des voyageurs sans nombre, tombés victimes de la maladie; — à bord des vaisseaux et des navires marchands, dont les équipages venaient sans cesse à terre et fréquentaient des lieux infectés.

Les médecins du pays, qu'on avait appelés de préférence près des premiers individus atteints dans la ville du Fort-de-France, parce qu'ils étaient, disait-on, experts dans la connaissance des maladies locales, avaient caché la nature de l'épidémie, et lui avaient donné le nom de fièvre maligne. Telle est la puissance des mots que l'inquiétude publique s'était calmée, et que l'on accueillit comme une bonne nouvelle les attaques d'un mal qui auraient semblé fort effrayantes dans notre heureuse patrie. Mais ce dangereux mystère fut bientôt dévoilé; le secret dont on avait enveloppé la contagion avait favorisé ses progrès, prolongé l'incurie, et donné une confiance qui, en se dissipant, fit place à la consternation. Au bout de quelques jours, ce ne fut plus dans quelque logis obscur, dans quelque salle séquestrée de l'hôpital, que le fléau se manifesta; il se montra à la vue de tout le monde, sur la place d'armes, dans les rangs des troupes défilant au bruit des fanfares militaires. Des grenadiers tombèrent de leur haut, frappés par la fièvre jaune, comme s'ils l'eussent été par la foudre. L'un d'eux fut pris aussitôt du vomissement noir; un autre, que j'avais fait porter dans une maison voisine, expira en y entrant. Le soir Savarési trouva son cadavre couvert de pétéchies larges, noires et violacées. La terreur n'eut plus de bornes. Des postes furent abandonnés par la garde à laquelle ils étaient confiés, et qui les croyait infectés par la maladie. Des compagnies entières allèrent coucher au bivouac plutôt que d'habiter des casernes où, disait-on, beaucoup de soldats anglais avaient péri. Les citernes des forts devinrent des objets de suspicion ; le bruit s'accrédita que leurs eaux étaient empoisonnées, et personne ne voulut plus en boire, ce qui me jeta dans des embarras inextricables. Il devint fort difficile d'obtenir que les officiers inspectassent, comme il leur était prescrit, les salles des hôpitaux. Plusieurs d'entre eux, dont le courage avait été mis à bien d'autres épreuves, refusèrent ce service, et j'eus toutes les peines possibles à empêcher qu'ils fussent traduits devant le Conseil de guerre; je fus obligé de mentir au général sur leur obéissance, et c'était pour moi un grand sacrifice que de me résoudre à le tromper.

Jusqu'alors j'avais assisté à ce drame sans y prendre une autre part que celle d'en observer les tristes péripéties et d'en déplorer les malheurs : la fortune m'y réservait un rôle plus actif et plus pénible encore. Le service m'ayant conduit un matin chez le commandant d'armes de la place du Fort-de-France, je trouvai cet officier passant en revue ses uniformes et préparant une demande pour en faire venir de France de plus beaux. Il m'entretint pareillement des embellissements qu'il voulait faire dans sa demeure. En ce moment survint, par hasard, le docteur Savarési, qui, en lui prenant la main amicalement, me sembla la retenir et lui tâter le pouls, sans que le commandant s'en aperçût. Le regard scrutateur qu'il porta sur lui ne me laissa point douter de son intention; et, en effet, ayant fait naître l'occasion de me parler à l'écart, il me dit : « Les soins qu'il prend là sont superflus; conseillez-lui de mettre plutôt ordre à ses affaires; le temps presse, et il ne peut désormais vivre que quelques heures. » En effet, le commandant mourut dans la nuit, et la décomposition de son corps fut si rapide qu'il fallut l'emporter en secret et le déposer à l'hôpital, dans la salle d'attente du cimetière, qui était un affreux charnier. Je fus nommé par le capitaine général pour le remplacer, et le premier acte de mes nouvelles fonctions fut de pourvoir aux funérailles officielles de mon prédécesseur, en attendant que mon successeur me rendît prochainement le même service.

Lorsque je conduisais la cérémonie funèbre, un capitaine de grenadiers me dit à l'oreille qu'il était suffoqué par l'odeur infecte qui sortait du cercueil et qu'il n'y pouvait plus tenir. Je lui donnai l'assurance que la bière était vide, mais il n'en crut rien, et se retira convaincu qu'il avait respiré les émanations délétères qu'exhalait le cadavre et qu'il allait y succomber. Cette folle erreur, qui d'abord me parut plaisante, eut une funeste issue. Ce malheureux officier fut réellement attaqué par la fièvre jaune, et périt le cinquième jour de sa maladie. Il est vraisemblable que, lorsqu'il assista au convoi du commandant, il avait déjà le germe de la contagion, et que ce fut sa terreur panique qui le développa.

La faveur dont j'avais été l'objet était un brevet de mort. Elle m'imposait des devoirs qui ne pouvaient me laisser aucun espoir de vivre et m'abreuvaient d'afflictions. Je devins inévitablement l'ordonnateur des pompes mortuaires, l'inspecteur des hôpitaux, le consolateur des agonisants, le recours des veuves et des orphelins, le directeur des mesures d'hygiène publique, le médecin des gens abandonnés, le tabellion des mourants et l'appariteur des affreuses dissections qui devaient nous révéler la cause mystérieuse du fléau qu'il importait tant de découvrir. Ces fonctions difficiles, périlleuses, repoussantes, il ne dépendait pas de moi de refuser de les remplir; la nécessité me courbait sous son joug de fer, et m'obligeait à surmonter mes répugnances et à vaincre des obstacles qui semblaient des impossibilités. Je trouvai en moi, par bonheur, et comme il advient dans les grands dangers, des facultés qui jusqu'alors étaient demeurées latentes, et surtout une force d'âme avec un sang-froid aussi rares que nécessaires dans les temps de calamités.

La puissance du fléau qui nous frappait s'agrandissait énormément par la faiblesse d'esprit qui se cachait souvent sous les bravades. Un jeune imprudent, qui ne cessait de dire qu'il n'avait aucune crainte, ayant été forcé, pour en donner la preuve, d'accepter un pari qui le conduisit à visiter la salle des pestiférés, fut pris, en y entrant, d'une crise dont il faillit mourir. Les progrès du mal étaient augmentés par la fausse idée qu'on s'en faisait. Son principe étant dans l'atmosphère, suivant la plupart des docteurs, il s'ensuivait qu'on pouvait le gagner par chaque aspiration; et chacun croyait en voir le fantôme attaché à ses pas, sans relâche et à tous les instants de sa vie. Si l'on eût cru qu'on ne pouvait le prendre que dans les lieux où il existait visiblement, on aurait pu, en s'abstenant de les fréquenter, obtenir quelque sécurité; mais dès que l'air en était le véhicule, il devenait impossible de lui échapper, et la terreur était sans bornes. Cependant c'était bien plus communément par un instinct aveugle, irréfléchi, de sa propre conservation, qu'on se livrait à l'épouvante. Une occurrence quelconque, de la plus parfaite innocuité, advenait à un homme dont la fermeté de caractère n'était pas douteuse; il y voyait sans la moindre réalité le danger de la fièvre jaune; il se troublait, pâlissait, battait la campagne; son pouls, d'abord intermittent, s'affaissait; on pouvait croire, à s'y méprendre, qu'il était infecté, tandis que ce n'était rien de plus que la peur de l'être. J'ai vu des gens distingués être soumis dans un tel cas à un traitement qui leur enlevait une moitié de leur peau, et s'en féliciter, comme leur ayant sauvé la vie lorsque leur unique maladie était la crainte d'être malade. Cette aventure arriva, entre autres, à un naturaliste autrichien, le baron de Block, à qui le docteur Persé fit subir cette opération douloureuse et complètement inutile.

MOREAU DE JONNÈS.

(*Aventures de guerre au temps de la République et du Consulat.* — Paris, 1893. Guillaumin et Cie, éditeurs.)

XIX

LE GÉNÉRAL EN CHEF LECLERC AU PREMIER CONSUL

ARMÉE DE SAINT-DOMINGUE.

Le 18 thermidor an X (6 août 1802).

Ma position devient embarrassante et peut devenir mauvaise; la voici :

La mortalité a fait des ravages si effroyables sur mes troupes que, lorsque j'ai voulu désarmer le Nord, une insurrection générale a éclaté. Obligé d'économiser, puisque vous me laissez sans fonds, j'avais détruit l'armée coloniale et renvoyé les trois quarts des officiers de cette armée. Du moment où les troupes noires ont vu mon embarras, alors les officiers m'ont tous réclamé leur arriéré. J'ai été obligé de payer, et, n'ayant pas d'argent en caisse, d'abandonner à vil prix les denrées que j'avais en magasin et d'engager mes revenus de douanes. Les noirs ont marché, mais ils ne sont pas en assez grand nombre, et, d'ailleurs tous mes généraux étant malades, j'ai dû me servir des généraux noirs. Christophe est employé dans les montagnes du Nord et Dessalines du côté de Plaisance. Je ne crains rien du côté de Christophe, mais je ne suis pas aussi rassuré sur Dessalines. Les premières attaques ont chassé les insurgés des points qu'ils occupaient, mais ils se sont reployés sur d'autres cantons, et dans cette insurrection il y a un véritable fanatisme. Ces hommes se font tuer et ne veulent pas se rendre.

Je vous avais prié, citoyen Consul, de ne rien faire qui pût les faire craindre pour leur liberté jusqu'au moment où je serais en mesure, et je marchais à grand pas vers ce moment. Soudain est arrivée ici la loi qui autorise la traite dans les colonies avec des lettres de commerce de Nantes et du Havre, qui demandent si on peut placer ici des noirs. Plus que tout cela : le général Richepanse vient de prendre un arrêté pour rétablir l'esclavage à la Guadeloupe.

Dans cet état de choses, citoyen Consul, la force morale que je m'étais acquise ici est détruite. Je ne puis rien faire par la persuasion : je n'ai plus que la force, et je n'en ai aucune.

Je n'ai reçu en renfort que trois mille hommes sur les vaisseaux *Le Pélasge, le Conquérant, le Zélé* et *le Tourville.* J'ai été obligé de m'en servir de suite. Je suis persuadé que moitié de ce renfort a péri ou est aux hôpitaux.

A présent, citoyen Consul, vos plans sur les colonies sont parfaitement connus. Si vous voulez conserver Saint-Domingue, envoyez-y une nouvelle armée, envoyez-y surtout de l'argent, et je vous déclare que si vous nous abandonnez à nous-mêmes, comme vous l'avez fait jusqu'à présent, cette colonie est perdue, et, une fois perdue, jamais vous ne la rattraperez.

Ma lettre vous surprendra, citoyen Consul, après celles que je vous ai écrites; mais y a-t-il un général qui ait pu calculer une mortalité des quatre cinquièmes de son armée, et l'inutilité des autres; qui ait été laissé sans fonds, comme moi, dans un pays où rien ne s'achète qu'au poids de l'or, et où j'aurais, avec de l'argent, détruit bien des sujets de mécontentement?

Pouvais-je m'attendre, en ces circonstances, à la loi sur la traite, et surtout aux arrêtés du général Richepanse, qui rétablissent l'esclavage et défendent aux hommes de couleur de prendre la qualité de citoyens?

Je vous ai exposé ma position véritable avec la franchise d'un militaire. J'ai la douleur de voir tout ce que j'ai fait ici sur le point d'être anéanti. Si vous aviez pu être témoin des difficul-

Fig. 17. — Leclerc, général en chef de l'armée de Saint-Domingue. (*Galeries historiques de Versailles.*)

tés de tous les genres que j'ai vaincues et des résultats que j'avais obtenus, vous gémiriez avec moi de voir ma position; mais quelque désagréable qu'elle soit, j'espère encore en venir à bout.

Je fais des exemples terribles, et, puisqu'il ne me reste plus que la terreur, je l'emploie. A la Tortue, sur quatre cent cinquante révoltés, j'en ai fait pendre soixante; aujourd'hui, tout y est dans un ordre parfait; tous les propriétaires ou négociants qui m'arrivent de France parlent tous d'esclavage; il semble qu'il y ait une conspiration générale pour empêcher la restitution de Saint-Domingue à la République.

Si, ce que je ne présume pas, l'acceptation de Toussaint avait changé la destination des douze mille hommes de troupes que vous m'avez annoncés, ce que je ne puis croire, puisque je n'ai cessé de faire connaître au ministre de la marine le dénûment de troupes dans lequel la mortalité me mettait, envoyez-moi de suite ces renforts; envoyez-moi de l'argent, car je suis dans une position vraiment misérable.

On vous dira que nous avons reçu beaucoup de biscuit, de farine et d'effets d'hôpitaux et d'habillement et que l'armée de Saint-Domingue coûte beaucoup.

On nous a envoyé des farines avariées en grande partie et tellement avariées que partie ont été jetées à la mer : j'en dis autant du biscuit.

Nos effets d'hôpitaux, arrivés par le *Dunois* et l'*Union*, se sont trouvés avariés par le peu de soin qu'on a mis à les charger à Brest.

Je n'ai rien ou presque rien reçu en effets d'habillements; ainsi il est très possible que vous ayez fourni beaucoup d'argent pour Saint-Domingue sans que nous en ayons profité.

Envoyez-moi de l'argent; avec de l'argent, j'aurai tout aussi bon marché qu'en France.

Le pain coûte ici aujourd'hui cinq sous la livre, et le vin dix sous la bouteille. Il est vrai que nous sommes en abondance. Mais toujours est-il vrai que nous aurons ici toutes les denrées avec de l'argent meilleures et à meilleur marché que le ministre de la marine ne les aura par ses fournisseurs. Sacrifiez en ce moment six millions, pour ne pas être obligé d'en dépenser soixante au printemps.

Je vous ai dépeint ma position en noir. Ne me croyez pas abattu par les événements; je serai toujours à la hauteur des circonstances, quelles qu'elles soient, et je vous servirai avec le même zèle, tant que ma santé le permettra; elle est altérée en ce moment, ce qui m'a empêché de monter à cheval. Pensez toujours à m'envoyer mon successeur. Je n'ai personne ici qui puisse me remplacer dans le moment difficile où la colonie sera encore pendant quelque temps.

Envoyez-moi le général Belliard et Régnier. Vous ne sauriez envoyer ici de généraux trop déliés : leur conduite doit être extrêmement adroite, et si tous avaient pu entendre mes instructions, je ne serais pas aussi embarrassé aujourd'hui.

Recevez l'assurance de mon dévoué respect.

LECLERC.

(*Le maréchal Davout*, par Mme de Blocqueville. Tome Ier, appendice, Paris, Perrin et Cie, éditeurs.)

LÉGION D'HONNEUR. — CAMP DE BOULOGNE

XX

LES ARMES D'HONNEUR AU 20e CHASSEURS A CHEVAL

J'avais pour brigadier de chambre un nommé Tisse, qui avait reçu pour sa bravoure une carabine d'honneur. Il avait, lui second, délivré trois cents fantassins français et fait prisonniers deux compagnies de grenadiers hongrois, qui les escortaient. Je me suis souvent fait expliquer ce fait d'armes, qui était transcrit sur sa carabine tel que je viens de le rapporter. Ici je laisse raconter au brigadier Tisse son exploit :

— A la bataille de Hohenlinden, gagnée par Moreau, disait-il, j'étais resté toute la matinée en arrière, pour faire ferrer mon cheval par Robin, maréchal-ferrant de la compagnie. Lorsque nous fûmes rejoindre le régïment, nous nous égarâmes dans la forêt, où nous marchions dans la direction que nous indiquait le bruit de la fusillade et du canon.

Étant parvenus à l'une de ces prairies si fréquentes dans les grandes forêts de l'Allemagne, et qui fournissent la pâture au nombreux gibier de toute espèce que recèlent ces forêts, nous aperçûmes (sans être vus) environ trois cents de nos compatriotes désarmés et conduits par les kaiserlitzs. Une inspiration nous vint aussitôt; nous mîmes nos chevaux au galop, et nous nous précipitâmes sur cette colonne en déchargeant nos pistolets aux cris de : « En avant ! en avant ! en avant ! par ici ! pas de prisonniers ! etc. — L'ennemi, sur-

Fig. 18. — Le Retour, *dédié aux guerriers français.*
Deux braves rentrant dans leur famille font hommage à leur père des sabres d'honneur qu'ils ont reçus. (Petit del[t] et sculp[t]).

pris, se croyant tombé dans une embuscade, s'arrêta, hésita à tirer ; nos Français sautèrent sur leurs fusils, s'en emparèrent, et dans un instant les rôles changèrent ; les fantassins conduisirent les Hongrois prisonniers au quartier général, guidés par Tisse et Robin. Ce dernier était appelé au régiment, depuis cette époque, Robin des Bois.

Il y avait au corps plusieurs armes d'honneur. Le capitaine Lavigne en avait gagné une pour avoir, lors de la retraite de Moreau (à l'armée du Rhin), commandé toute une journée, lui simple capitaine, le régiment, et avoir réussi, par d'habiles manœuvres et des charges faites à propos, à le dégager d'une position presque désespérée, rendant ainsi un grand service à l'armée.

Quant au capitaine Kermann, qui commandait la troisième compagnie du régiment, et qui avait aussi un sabre d'honneur, la simple demande de cette arme faite par le colonel Lacoste, qui commandait alors le régiment à l'armée du Rhin, donne la plus juste idée de la bravoure de cet officier.

Cette demande était ainsi conçue :

« Le brave capitaine Kermann a tellement usé son sabre à frapper l'ennemi, que le gouvernement ne peut se dispenser de lui en donner un autre. »

— *Accordé,* — fut la réponse du premier Consul.

Je ne dois pas omettre de dire ici que toute arme d'honneur valait double solde à celui qui l'avait obtenue.

On citait aussi parmi les braves du régiment un brigadier de la compagnie d'élite qui, étant trompette alors et seulement âgé de quinze ans, avait fait prisonnier un dragon de la Tour, un colosse! Ce trompette étant un jour avec les tirailleurs, arriva sur ce dragon sans en être aperçu, et lui mettant son pistolet sur la gorge : — Prisonnier ou mort! — lui cria-t-il.

Le dragon, à ce langage énergique, rendit son sabre et fut fait prisonnier. Lorsqu'il arriva au peloton chargé de soutenir les tirailleurs, les chasseurs se mirent à rire et à se moquer de ce dragon, un Hercule, qui s'était fait prendre et désarmer par un enfant. L'Autrichien changea tout à coup de langage :

— Je n'ai pas été pris, j'ai déserté, dit-il.

— Comment, Henri, tu ne l'as donc pas fait prisonnier, dirent les chasseurs du régiment?

Mais le trompette, pour toute réponse, s'adresse au dragon et lui dit :

— Ah! je ne t'ai pas fait prisonnier! eh bien, monte à cheval, voilà tes armes; je vais te reprendre, puisque la première fois ne compte pas à ce qu'il paraît!

Ce que voyant, les chasseurs du régiment ne voulurent pas que le combat recommençât, et l'Autrichien resta dûment prisonnier.

Je me liai d'amitié avec le brigadier Henri. Il était de mon âge et me donna de bons conseils : ce fut à la salle d'armes que je fis sa connaissance. Sa mort, qui eut lieu quand il était officier au régiment, à la bataille de Raab, en Hongrie, 1809, a été un véritable deuil pour le corps.

Parmi les crânes du régiment, on citait également le brigadier Popineau, qui avait gagné une carabine d'honneur à Lambach, lors de cette fameuse retraite sur le Rhin, par la Forêt-Noire, opérée si miraculeusement par le général Moreau : Popineau avait rappelé par un beau fait d'armes le temps de la chevalerie.

Le colonel Schwartz commandait un corps de six cents hussards de l'armée du prince Charles; et ce corps était composé de l'élite des troupes autrichiennes, car il avait la faculté de se recruter dans toute l'armée parmi les meilleurs cavaliers. Ce colonel avait carte blanche. Il chagrinait l'arrière-garde de l'armée française, enlevait les convois, coupait la colonne de route, délivrait les prisonniers, attaquait quand il trouvait une belle occasion, marchant la nuit plutôt que le jour; enfin c'était un terrible chef de partisans. Il avait eu plusieurs rencontres avec le régiment, et souvent ses hussards avaient eu à éprouver la rare bravoure du capitaine

Kermann. Comme il avait entendu parler de ses brillants faits d'armes, il lui prit un jour fantaisie de se mesurer avec lui. S'étant présenté en parlementaire devant le régiment, il y appela le capitaine Kermann en combat singulier au sabre. Il lui fut répondu que le capitaine, blessé d'un coup de feu la veille, au bras droit, était à l'ambulance.

Le colonel Schwartz, après la bravade qu'il venait de faire, avait tourné son cheval pour aller rejoindre les siens, lorsque le brigadier Popineau, de la compagnie Kermann à cette époque, mais passé plus tard à la compagnie d'élite lors de sa formation, mit son cheval au galop et arriva en face du colonel en s'écriant :

— Mon capitaine a reçu hier un léger coup de feu qui le met hors de combat. Il regrettera beaucoup la partie que vous lui offrez; mais si vous voulez vous mesurer avec son brigadier, je suis prêt à vous rendre raison.

— Ton audace me plaît, dit le colonel Schwartz en dégaînant.

Ces paroles étaient à peine prononcées, que les deux champions faisaient voltiger leurs chevaux et leurs sabres autour l'un de l'autre. Une parade de Popineau arriva à temps pour le préserver d'un coup de sabre de son adversaire, qui reçut à l'instant, par une prompte riposte, un vigoureux coup sur la figure.

— Allez vous faire panser à l'ambulance, colonel, dit le brigadier; et quand vous serez guéri, je vous donnerai votre revanche à pied, devant le régiment, où je vous tuerai pour vous apprendre à vivre.

Popineau était le premier maître d'armes du régiment.

— Je ne me bats jamais deux fois avec le même individu, dit le colonel Schwartz en se retirant.

— Soit, dit Popineau en essuyant la lame de son sabre. Et il rentra dans le rang.

Cette action, qui se passait, comme on l'a dit, en présence de tout le régiment, et d'autres faits d'armes non moins honorables valurent au brigadier Popineau une carabine d'honneur.

PARQUIN.

(*Souvenirs et campagnes.* Un vol. in-8°, Paris, 1892, Berger-Levrault et Cie, éditeurs.)

XXI

UN CHEVALIER DE LA LÉGION D'HONNEUR

Le 14 juillet 1804, la cérémonie eut lieu au dôme des Invalides. Voilà comme nous étions placés : à droite en entrant, sur des gradins, jusqu'en haut, était la garde; les soldats de l'armée étaient à gauche sur des gradins pareils, et les invalides étaient au fond jusqu'au plafond. Le corps d'officiers occupait le parterre; toute la chapelle était pleine.

Le Consul arrive à midi, monté sur un cheval couvert d'or; les étriers massifs étaient en or. Ce riche coursier était un cadeau du Grand Turc; on fut obligé de mettre des gardes autour pour ne pas le laisser approcher (ce n'était que diamants sur la selle).

Il se présente; le plus grand silence règne dans la chapelle, il traverse tout ce corps d'officiers et va se placer à droite, dans le fond, sur son trône; Joséphine était en face, à gauche, dans une loge; Eugène, au pied du trône, tenait une pelotte garnie d'épingles, et Murat avait une nacelle remplie de croix. La cérémonie commence par les grands dignitaires, qui furent appelés par leur rang d'ordre. Après que toutes les grandes croix furent distribuées, on fit porter une croix à Joséphine dans sa loge sur un plat que Murat et Eugène lui présentèrent.

Alors on appela : « Jean Roch Coignet! » J'étais sur le

deuxième gradin; je passai devant mes camarades, j'arrivai au parterre et au pied du trône. Là, je fus arrêté par Beauharnais qui me dit : « Mais on ne passe pas. » Et Murat lui

Fig. 19. — Napoléon aux Invalides distribue des croix de la Légion d'honneur. Tableau de Debret. (Musée de Versailles.)

dit : « Mon prince, tous les légionnaires sont égaux; il est appelé, il peut passer. »

Je monte les degrés du trône. Je me présente droit comme un piquet devant le Consul, qui me dit que j'étais un brave défenseur de la patrie et que j'en avais donné des preuves. A ces mots : « Accepte la croix de ton Consul », je retire ma main droite, qui était collée contre mon bonnet à poil, et je prends ma croix par le ruban. Ne sachant qu'en faire, je redescendis les degrés du trône en reculant, mais le Consul me fit remonter près de lui, prit ma croix, la passa dans la boutonnière de mon habit et l'attacha à ma boutonnière avec une épingle prise sur la pelote que Beauharnais tenait. Je descendis et, traversant tout cet état-major qui occupait le parterre, je recontrai mon colonel, M. Lepreux, et mon commandant Merle, qui attendaient leurs décorations. Ils m'embrassèrent tous les deux au milieu de tout ce corps d'officiers, et je sortis du dôme.

Je ne pouvais avancer, tant j'étais pressé par la foule qui voulait voir ma croix. Les belles dames qui pouvaient m'approcher, pour toucher à ma croix, me demandaient la permission de m'embrasser; j'ai vu l'heure que j'allais servir de patène à toutes les dames et messieurs qui se trouvaient sur mon passage. J'arrivai au pont de la Révolution, où je trouvai mon ancien régiment qui formait la haie sur le pont. Les compliments pleuvaient de tous côtés; enfin, pressé de toutes parts, je finis par entrer dans le jardin des Tuileries, où j'eus bien du mal à pouvoir gagner ma caserne. En arrivant à la porte, le factionnaire porte les armes. Je me retourne pour voir s'il n'y avait pas d'officier près de moi, et j'étais tout seul. Je vais près du factionnaire, je lui dis : « C'est donc pour moi que vous portez les armes? — Oui, me dit-il, nous avons la consigne de porter les armes aux légionnaires. »

Je lui pris la main, la serrai fortement et lui demandai son nom et sa compagnie. Lui mettant cinq francs dans la main, en le forçant de les prendre, je lui dis : « Je vous invite à déjeuner lors de la descente de votre garde. »

(*Les cahiers du capitaine* COIGNET, publiés par LORÉDAN LARCHEY. — Hachette et Cie, éditeurs.)

XXII

COMMENT BIGARRÉ ENTRA DANS LA GARDE DU PREMIER CONSUL

Le chirurgien m'envoya pour ma santé aux eaux de Luxeuil. Madame Bonaparte se trouvait alors à Plombières avec sa fille. On apprit à Luxeuil qu'elle devait venir visiter les bains de cette ville : aussitôt on avisa aux moyens de lui donner une fête. Je fus désigné par la masse des baigneurs pour aller au devant d'elle avec cinq autres commissaires lui demander quel jour il pourrait lui convenir d'entreprendre le voyage de Luxeuil. Elle nous accueillit avec beaucoup d'amabilité et nous promit que dès le surlendemain elle se mettrait en route.

Tout étant préparé pour la recevoir, la même députation fut encore à sa rencontre. Au bal que nous lui donnâmes, j'eus l'honneur de danser avec sa fille, et, quelques jours après, de dîner à la table de la mère.

A la sortie de ce dîner, je fus admis à accompagner la femme du Premier Consul à un bal à Plombières; à ce bal elle m'engagea elle-même à danser une contredanse avec Hortense (c'est ainsi qu'elle appelait sa fille), et, après cette contredanse, elle me fit asseoir auprès d'elle et me demanda pourquoi je ne cherchais pas à entrer dans la garde des consuls. Sur ce que je lui répondis que je ne croyais pas qu'il fût facile à un officier de l'armée du Rhin d'obtenir cette faveur, elle m'assura du contraire, et me dit avec le ton le plus persuasif : « Écrivez directement au Premier Consul pour solliciter votre admission dans sa garde, et vous verrez que votre demande sera accueillie. » De retour à Luxeuil, je racontai à mes camarades de pension, qui étaient aussi des officiers d'infanterie de l'armée du Rhin, la conversation que j'avais eue avec madame Bonaparte. Elle en fit naître une entre nous dans laquelle chacun des convives se plaignait amèrement de ce que le Premier Consul n'accordait d'avancement qu'aux officiers de l'armée d'Italie et à ceux revenus d'Égypte. « Eh bien! leur dis-je, voulez-vous parier avec moi six bouteilles de vin de Champagne que je vais lui écrire pour lui demander à entrer dans sa garde? »

Ce pari fut tenu à l'instant par tous les pensionnaires; je fus acheter du grand papier rose dans une boutique voisine, et vins écrire la lettre qu'on va lire et que porta à la poste un capitaine de grenadiers de la 10e demi-brigade, nommé Lacoste.

« Luxeuil, le 7 thermidor de l'an X.

« *Auguste Bigarré, capitaine de carabiniers au 1er bataillon de la 14e demi-brigade d'infanterie légère,*

Au citoyen Bonaparte, Premier Consul de la République.

« Citoyen Consul,

« Je n'ai jamais eu l'honneur de servir sous tes ordres, ni en Italie, ni en Égypte; mais si les services rendus à la République dans les armées de l'Ouest, de Sambre-et-Meuse, d'Helvétie et du Rhin ne sont pas auprès de toi des titres de réprobation, permets-moi de solliciter comme une faveur, maintenant que la paix est faite, d'être admis à l'honneur de veiller dans ta garde à la sûreté de l'État, en veillant à celle de ta personne.

« J'ai l'honneur d'être avec le plus profond respect, citoyen Consul, etc., etc... »

Cette lettre parvint au Premier Consul dans un moment où il s'entretenait avec le général de division Davout, qui était alors colonel général des grenadiers de sa garde. Après en avoir pris connaissance il dit à ce général, en la lui donnant à lire : « Pardieu! Voilà un singulier original qui m'écrit. Envoyez votre aide de camp Falcourt auprès du ministre de la Guerre pour avoir le relevé des services de cet officier. » L'aide de camp revenu avec la pièce que le Premier Consul avait demandée, la remit à ce dernier, qui, satisfait des services du capitaine Bigarré, ordonna au général Davout de lui répondre que la première place qui vaquerait dans l'infanterie de sa garde lui serait donnée comme une récompense de sa bonne conduite pendant la guerre, et comme un témoignage de sa satisfaction particulière. Cette place vaqua huit jours après.

Voici la réponse que fit le général Davout :

« *Le général de division Davout, commandant de l'Infanterie*
« *de la garde des Consuls,*

« *Au citoyen Bigarré, capitaine de carabiniers à la 14ᵉ demi-*
« *brigade d'infanterie légère, à Huningue.*

« Je vous donne avis, citoyen capitaine, que le Premier Consul, satisfait de votre conduite, voulant récompenser vos bons services et vous donner une preuve de son estime particulière, vous a nommé capitaine dans les chasseurs à pied de sa garde

« Le ministre de la Guerre doit vous avoir adressé des

lettres de service et un ordre de vous rendre à votre nouveau poste; hâtez-vous de venir l'occuper de suite et d'augmenter le nombre des bons officiers qui, comme vous, se sont distingués dans les armées, en servant leur pays.

« Je vous salue.

Signé : DAVOUT.

Je reçus cette lettre à Huningue, où j'étais retourné pour la quatrième fois en garnison.

Depuis que j'avais écrit au Premier Consul sur du papier rose, j'étais si inquiet du sort de ma lettre que j'en devins tout ombrageux et tout triste. Je m'attendais à chaque instant à être arrêté par des gendarmes; car plus je réfléchissais sur ce que j'avais écrit, à la liberté que j'avais prise de tutoyer le Premier Consul, plus je me croyais coupable d'effronterie et de mauvais ton. Toutefois j'étais bien résigné à subir la peine de mon inconséquence quand un certain dimanche, en sortant de la parade, je fus accosté par le vaguemestre de la demi-brigade, qui me remit une lettre à mon adresse, timbrée de Paris, sur laquelle se trouvait imprimé en gros caractères : *Le Général commandant l'infanterie de la garde des Consuls*. ....

Le général Boissières annonça, précisément le jour de mon arrivée à Rueil, au commandant Meunier, que le Premier Consul inspecterait son bataillon le lendemain matin. Quand je fus informé de cette disposition, il me prit un malaise dont je ne fus débarrassé qu'après avoir passé la revue de cet homme si grand et si extraordinaire. Lorsqu'il arriva à ma compagnie, le général Boissières, auquel j'avais été faire une visite une heure avant la revue du Premier Consul, lui dit en me désignant du doigt. « Voilà ce capitaine de la 14e demi-brigade légère auquel vous avez donné la compagnie de Savary. » — « Ah! Ah! dit-il. Eh bien! monsieur le capitaine de carabiniers, vous voyez que je sais découvrir les bons officiers partout où ils se trouvent. Qu'ils aient servi leur patrie au nord, au midi, à l'orient ou à l'occident, j'aime à les voir près de moi pour les récompenser. Allons, comportez-vous dans ma garde comme vous l'avez fait aux armées, et vous verrez que vous n'aurez plus besoin de m'écrire sur du papier rose pour mériter ma bienveillance. »

(*Mémoires du général* BIGARRÉ. — Paris, Léon Chailley, éditeur.)

XXIII

TRAVAUX DE LA GRANDE ARMÉE AU CAMP DE BOULOGNE

Les troupes ainsi réparties, on les occupa, on les disciplina à la manière des Romains. Chaque heure avait son emploi; le soldat ne quittait le fusil que pour prendre la pioche, et la pioche que pour reprendre le fusil.

Les ponts et chaussées avaient d'immenses travaux à faire. Les troupes les exécutèrent tous. Elles creusèrent le port de Boulogne, elles construisirent une jetée, jetèrent un pont de halage, établirent une écluse de chasse; enfin elles ouvrirent un bassin pour recevoir les bâtiments de la flottille. Elles firent plus : le port de Vimereux était tout entier à créer; le sol où il devait s'ouvrir était élevé de quinze pieds au dessus des plus hautes eaux. Elles mirent la main à l'œuvre, et en moins d'un an, elles avaient creusé, revêtu en maçonnerie un bassin capable de contenir deux cents bâtiments de la flottille. Il avait son écluse de chasse pour le nettoyer, son canal et ses jetées pour sortir.

A Ambleteuse, il fallut reprendre en entier les travaux qui avaient été ébauchés sous Louis XVI. Le lit de la rivière était tellement obstrué que les eaux n'avaient pu s'écouler et avaient couvert plusieurs milliers d'acres de terre en pleine culture. Cette submersion avait non seulement réduit une foule de familles à la misère, elle était encore devenue la source de miasmes dangereux qui obligeaient les habitants des villages voisins de s'éloigner tous les ans à l'époque de la canicule.

On leur rendit d'abord l'écoulement qu'elles avaient perdu; on reprit, on acheva les travaux qui avaient déjà été ébauchés;

Fig. 20. — Vue du port et de la rade de Boulogne. D'après une gravure de l'époque.

on construisit une écluse de chasse. La rivière, en rentrant dans son lit, restitua à la culture les terres qu'elle avait submergées, et au pays la salubrité qu'elle en avait bannie.

Cela fait, on passa au port d'Ambleteuse. On le creusa, on construisit sa jetée, on éleva son chenal. Tout fut promptement achevé. Les soldats qui exécutaient ces diverses constructions s'y portaient avec ardeur. Ils étaient payés : le travail avait répandu de l'aisance parmi eux, ils ne le quittaient que lorsqu'ils y étaient contraints par la marée; ils prenaient alors les armes et se rendaient à la manœuvre.

Il en était de même à Boulogne; les troupes passaient du travail à l'exercice, de l'exercice au travail. La pioche, le fusil ne sortaient pas de leurs mains. Aussi vit-on s'élever comme par enchantement tous les établissements maritimes d'un grand port. On forma des magasins, on assembla des munitions, on réunit des matériaux de toutes espèces. Jamais tête humaine n'embrassa conception aussi vaste, et surtout n'en fit marcher simultanément les différentes parties avec autant d'activité, d'ensemble et de précision.

On creusait les ports, on construisait les bâtiments, on fondait l'artillerie, on filait les cordages, on taillait les voiles, on confectionnait le biscuit et on instruisait l'armée tout à la fois. Ces divers soins semblaient dépasser les forces humaines et cependant le Premier Consul trouvait encore le temps de s'occuper des affaires de France et d'Italie. Ce qu'il déploya d'activité ne peut se comprendre quand on n'en a pas été témoin. Il avait fait louer près de Boulogne le petit château appelé Pont-de-Brique, qui se trouve sur la route de Paris. Il y arrivait d'ordinaire au moment où les corps s'y attendaient le moins, montait aussitôt à cheval, parcourait les camps et était déjà rentré à Saint-Cloud, qu'on le croyait encore au milieu des troupes.

J'ai fait plusieurs de ces voyages dans ses voitures. Il partait ordinairement le soir, déjeunait à la maison de poste de Chantilly, soupait à Abbeville et arrivait le lendemain de très bonne heure au Pont-de-Brique. Un instant après, il était à cheval et n'en descendait le plus souvent qu'à la nuit. Il ne rentrait pas qu'il n'eût vu le dernier soldat, le dernier atelier. Il descendait dans les bassins et s'assurait lui-même de la profondeur à laquelle on était parvenu depuis son dernier voyage.

Il ramenait ordinairement pour dîner avec lui, à sept ou huit heures du soir, l'amiral Bruix, le général Soult, l'ingénieur Sganzin, qui dirigeait les travaux des ponts et chaussées, le général Faultrier, qui commandait le matériel de l'artillerie, enfin l'ordonnateur chargé des vivres; de sorte qu'avant de se coucher, il savait l'état de ses affaires mieux que s'il avait lu des volumes de rapports.

Les constructions n'étaient pas moins actives dans l'intérieur que sur la côte. Les chaloupes étaient confectionnées, abandonnées au courant des rivières et affluaient à Bayonne, à Bordeaux, à Rochefort, à Nantes, dans tous les ports de Bretagne. Elles étaient gréées, armées, montées même par des détachements avec lesquels elles gagnaient l'embouchure des rivières qui coulent de Honfleur à Flessingue. Quand elles y étaient parvenues, on les mettait en état de prendre la mer, on les formait en escadrilles et on les faisait successivement sortir de leurs abris, dès qu'on jugeait pouvoir le faire avec sécurité. On choisissait pour cela les petits temps, qui leur permettaient de longer, de raser la côte, et pour mieux assurer leur marche, on plaçait l'artillerie légère de l'armée sur les caps ou promontoires au pied desquels il se trouvait assez d'eau pour permettre aux croisières anglaises de les intercepter. Cette précaution ne fut pas inutile sur divers points de la Bretagne.

Le bonheur, l'habileté menèrent à bien cette grande entreprise; nos escadrilles parvinrent à leur destination sans avoir éprouvé d'autres pertes que celles qu'entraînent les accidents ordinaires de la navigation. Tout avait réussi au gré du Premier Consul.

(*Mémoires de* SAVARY, *duc de Rovigo.*)

XXIV

DISTRIBUTION DES CROIX DE LA LÉGION D'HONNEUR AU CAMP DE BOULOGNE

Dans une vallée, taillée par la nature comme un cirque naturel, étaient placés soixante mille hommes sur plusieurs rangs et par échelons. La vallée était faite de manière qu'ils étaient en amphithéâtre, et pouvaient être vus de la mer, dont les flots venaient se briser au pied de la tour d'Ordre. En face d'eux était le trône, auquel ils parvenaient en montant plusieurs marches d'un escalier fort doux dans sa montée. C'est là qu'était placé, dans sa gloire toute lumineuse, l'homme dont le génie disposait alors de l'Europe et du monde. Il était là, abrité de cette foule de drapeaux déchirés par le boulet, souillés par le sang, mais étincelants quoique poudreux et formant un digne panache au trophée vivant dont il était environné. Quoiqu'il fît beau ce jour-là, le vent soufflait avec une extrême violence et faisait tournoyer l'étoffe glorieuse à la vue de plusieurs vaisseaux anglais qui croisaient alors dans le détroit et qui purent reconnaître parmi nos conquêtes le léopard insolent qui prétendait tout asservir.

J'ai toujours aimé ma patrie avec une passion que le temps n'a aucunement altérée. Qu'on juge de ce que je devais éprouver en voyant cette réunion de braves, tout chargés de stigmates imprimés par le fer ou le feu de l'ennemi et reçus pour la défense de cette France belle et glorieuse, à cette époque également aimée de tous ses fils. Les partis se taisaient, les discordes étaient étouffées; chacun venait se rallier autour du héros qui nous avait rendu la paix. Tout était beau alors! Quel avenir se déroulait devant nous! Gloire, prospérité, bonheur! Du haut de cette colline, le regard de Napoléon semblait jeter ces paroles aux vaisseaux de l'Angleterre. Il était calme en ce moment et plus beau que je l'aie

Fig. 21. — Distribution des croix de la Légion d'honneur au camp de Boulogne. D'après une estampe populaire. (Bibliothèque Nationale.)

vu jamais. Son visage avait une expression remarquable de contentement. J'ignore quelle était alors sa pensée, mais son regard était radieux.

La cérémonie fut longue. Chaque légionnaire montait les douze marches qui conduisaient au trône, s'inclinait devant l'Empereur, puis redescendait après avoir reçu la croix et le ruban de sa propre main. Il accompagnait quelquefois cette action d'un mot et d'un sourire, lorsque le légionnaire était plus ou moins connu de lui. Cette sorte de procession devenait pour nous fort divertissante, parce que, de la manière dont la baraque était placée, nous étions tout à fait derrière le trône, ce qui nous mettait en face du récipiendaire qui, sans s'en douter, nous faisait une très belle révérence. La chose était surtout plaisante lorsqu'il montait quelqu'un de notre connaissance. Quant à eux, ils étaient trop troublés pour nous voir derrière la petite fenêtre par laquelle nous regardions. Ce sourire, dont je parlais tout à l'heure, était le point de mire de tous les regards. Mais il n'était pas également donné, et nous qui étions de sang-froid nous pouvions en juger. L'Empereur avait deux sourires ce jour-là, comme on a deux langages. L'un était purement mécanique et avec la simple intention d'être *poli*, si ce terme peut être employé en parlant d'un souverain, l'autre partait du cœur lorsqu'il donnait la croix à l'un de ses frères d'armes d'Italie ou d'Égypte.

Il était cinq heures du soir. Depuis une heure je voyais l'Empereur se tourner souvent vers le ministre de la marine, M. Decrès, et lui parler bas. Puis il prenait une lunette et regardait sur la mer comme s'il avait voulu signaler une voile lointaine. Enfin l'impatience parut le gagner. Berthier, qui se rongeait les doigts, tout maréchal qu'il était, regardait aussi. Junot s'en mêlait également, puis ils causaient entre eux. Il était évident qu'on attendait *quelque chose*. Enfin, le ministre de la marine fut averti et tout aussitôt il parla à l'Empereur, qui saisit la lunette de Decrès avec une telle rapidité qu'elle lui échappa des mains et fut rouler sur les marches du trône. Nous suivîmes la direction de tous les yeux qui se portaient vers le fort en bois, et nous vîmes alors une flottille, composée de mille à douze cents embarcations, qui se dirigeait vers Boulogne. Elle venait des différents ports voisins et de la Hollande. L'Empereur avait voulu que ce fût ce même jour du 15 août que cette flottille vînt se réunir aux autres embarcations stationnées dans le port de Boulogne, à la vue des vaisseaux anglais qui croisaient dans le détroit, tandis que devant eux aussi il distribuait à son armée les récompenses qui devaient stimuler son courage et lui faire demander elle-même à passer sur les côtes d'Angleterre. Mais le contentement que Napoléon avait éprouvé à la vue de la flottille fut de courte durée. Un jurement très énergique de M. Decrès, dont on sait que c'était le langage habituel, avertit l'Empereur qu'il se passait quelque événement inattendu. En effet, l'officier qui commandait la première division de la flottille, n'ayant pas écouté les avis du pilote côtier et ne connaissant pas quelques nouveaux ouvrages autour du fort en bois, ou bien, autant que je puis m'en souvenir, n'ayant pas même voulu attendre l'arrivée du pilote, rencontre au moment d'aborder quelques obstacles à fleur d'eau. Le choc que reçurent les chaloupes les fit chavirer et quelques soldats firent le plongeon : heureusement que l'eau était basse. Cependant il y eut, je crois, un homme de noyé. Et puis la chose était déplaisante. On nous raillait beaucoup en Angleterre sur nos *coquilles de noix*, ainsi qu'on appelait les péniches et même les chaloupes canonnières. Cette mésaventure, arrivant au grand jour, devant nos ennemis dont les lunettes étaient toutes braquées vers nous, mit l'Empereur dans un état de mauvaise humeur plus violent que je ne l'avais vu depuis longtemps. Il descendit du trône et vint avec Berthier sur l'espèce de terrasse qui régnait le long du parapet pratiqué du côté de la mer. Il marchait fort vite, et, par intervalle, nous pouvions entendre quelque expression énergique qui manifestait son mécontentement. Le ministre de la marine était aussitôt descendu pour aller à la côte et l'Empereur restait en dehors de la baraque avec Berthier, marchant et pestant contre la maladresse, cause de ce tumulte.

(*Mémoires de la duchesse d'*ABRANTÈS.)

XXV

LE COURONNEMENT DE L'EMPEREUR

(2 DÉCEMBRE 1804.)

La cérémonie du couronnement eut lieu, le 2 décembre, dans l'église Notre-Dame. Les galeries étaient réservées aux députations; la nef, le chœur et le devant des galeries étaient tendus de tapisseries de la plus grande beauté; la lumière du jour, interceptée par les tentures et diverses constructions, était remplacée par celle de myriades de cierges et de bougies; le trône de l'Empereur et celui du pape, drapés en velours brodé en or et superbement empanachés, étaient d'une élégance, d'une richesse, d'une magnificence impossibles à se figurer; les ornements d'église et les décors n'étaient pas moins riches; les diamants, les pierreries, l'or étaient partout en profusion et relevaient la beauté, la fraîcheur du velours et de la soie dont étaient vêtus l'Empereur, l'Impératrice, les princes et princesses et la foule de dignitaires composant la cour. La toilette des dames était digne et de bon goût, quoiqu'empruntée en partie à un temps reculé. Celle des hommes était gracieuse et élégante, mais plus de notre époque. On n'en voit de semblable que sur les théâtres; elle me parut peu convenir à la majesté du lieu et encore moins à la saison qui était froide. Des souliers de satin blanc portés par des hommes, à cette époque! Je grelottais à cet aspect et tous ceux qui étaient ainsi affublés me firent

Fig. 22. — Sacre de l'Empereur et couronnement de l'impératrice Joséphine dans l'église Notre-Dame de Paris (2 décembre 1804).
Gravure de Frilley, d'après le tableau de David.

l'effet de baladins qui étaient en scène, ou celui d'une mascarade. Malgré les pompes de la religion qui remplirent cette cérémonie de tout ce qu'elles ont d'imposant et de prodigieux, ma curiosité a été plus vivement excitée par l'étrangeté de tout ce que je voyais, par la multiplicité, la variété, la minutie et le compassement des détails, que ma raison n'a été satisfaite et mon âme émue. Ce ne fut pour moi qu'un magnifique spectacle dont le lieu, les acteurs, le sujet et la nouveauté, grandissaient l'intérêt à la manière de tout ce qui est gigantesque, mais sans prestige. Sous le masque ou plutôt le déguisement théâtral de chaque personnage, je voyais toujours l'homme et ses antécédents, je voyais mon semblable; et Bonaparte, général en chef de l'armée d'Italie, me semblait plus grand que Napoléon se faisant oindre, pour régner en vertu d'un prétendu droit divin.

Je me suis demandé depuis d'où me venaient des sentiments qui peuvent paraître si étranges. Mon éducation aurait dû m'inspirer d'autres doctrines, et, d'un autre côté, de ma nature, je ne suis ni frondeur, ni démagogue, ni irréligieux. C'est qu'il y a au dedans de moi un sentiment profond d'aversion et de dégoût pour le mensonge et que tout ce que je voyais était mensonge et hypocrisie.

Autre exemple : on voyait dans le cortège si magnifique de l'Empereur, lorsqu'il se rendit à Notre-Dame, un personnage couvert d'une soutane violette et d'un chapeau à bords rabattus, monté sur une mule flanquée de deux valets à livrée, tenant ou prêts à tenir les rênes; c'était le nonce du pape. Le contraste frappant de sa tenue et de sa simplicité avec tout ce qui l'entourait n'était-il pas une autre espèce de jonglerie?

Quoi qu'il en soit, je n'en ai pas moins été très satisfait et flatté d'avoir assisté, en qualité de témoin convoqué, à une cérémonie si grande, si bien ordonnée, si extraordinaire, et qui nous paraissait alors si pleine d'avenir. De nombreux siècles s'écouleront probablement avant que nos neveux ne voient quelque chose d'aussi prodigieux : on doit être fier d'avoir été acteur d'une pareille scène et s'enorgueillir de pouvoir en prendre acte.

Bientôt après, eut lieu au Champ-de-Mars une solennité d'un intérêt puissant pour l'armée : la distribution des aigles.

Toutes les députations et les troupes que la circonstance avait appelées à Paris se réunirent sur ce vaste emplacement au milieu duquel un autel richement orné avait été construit : le trône de l'Empereur avait été élevé devant l'école militaire et une vaste estrade, destinée à recevoir les grands corps de l'État et les autorités, régnait à droite et à gauche du trône et couvrait une grande partie de la façade. La population de Paris occupait les terrassements qui limitent le Champ-de-Mars et s'était distribuée autour, partout où elle avait le moindre accès. Tout cet ensemble enfin avait un air pittoresque et animé et l'aspect d'une grande fête.

Les députations, formant chacune un peloton dans lequel l'aigle était encadrée, commandé par le colonel, arrivèrent sur le terrain dès huit heures du matin; le temps était épouvantable et la pluie battante. La position ne semblait pas tenable, et pourtant il y avait foule. Vers les dix heures, le canon des Invalides annonça l'arrivée de l'Empereur et bientôt des acclamations générales, des tonnerres de voix signalèrent sa présence. Après avoir parcouru le front des troupes, il alla se placer sur son trône; alors commença la cérémonie de la bénédiction des drapeaux. Ce fut un moment imposant que celui où, tous les colonels étant groupés en avant de l'autel avec les aigles, les salves des canons de campagne qui étaient servis par l'artillerie de la Garde, salves qui furent immédiatement répétées par le canon des Invalides, annoncèrent que la bénédiction avait lieu. Après la bénédiction, les aigles ayant été portées devant le trône de l'Empereur, celui-ci fit une courte harangue et procéda à leur distribution. Enfin, il était midi quand le défilé commença; la pluie n'avait pas cessé, nous marchions dans une mare d'eau et de boue, nos vêtements étaient trempés à fond, nos chapeaux déformés, nos plumets abîmés,

Fig. 23. — Napoléon donne des aigles à l'armée. Tableau de David. (Musée de Versailles.)

nos dorures ternies; notre corps était transi; et pourtant tout cela s'oubliait lorsque, passant devant le trône, on venait contempler cet être si prodigieux, dont la gloire éclipsait toutes les gloires et qui semblait appelé, après avoir guéri les plaies de la France, à la mener au plus haut degré de prospérité. Le passé, le présent, l'avenir absorbaient presque simultanément la pensée, et tenaient l'esprit dans une sorte de fascination.

(*Mémoires militaires du général* BOULART. — Paris, Librairie illustrée.)

XXVI

FULTON ET LA NAVIGATION A VAPEUR

Les préparatifs d'un débarquement en Angleterre furent exécutés de la manière la plus vaste, les projets annoncés de la manière la plus solennelle; et, de son côté, l'Angleterre menacée courut aux armes et se transforma en un camp immense. En ce moment, Fulton, Américain, avait eu la pensée (après plusieurs personnes, qui, depuis cinquante ans, l'avaient imaginé sans y donner suite) et vint proposer d'appliquer à la navigation la machine à vapeur comme puissance motrice.

La machine à vapeur, invention sublime qui donne la vie à la matière et dont la puissance équivaut à l'existence de millions d'hommes, a déjà beaucoup changé l'état de la Société et modifiera encore puissamment tous ses rapports; mais, appliquée à la navigation, ses conséquences étaient incalculables. Bonaparte, que ses préjugés rendaient opposé aux innovations, rejeta les propositions de Fulton. Cette répugnance pour les choses nouvelles, il la devait à son éducation de l'artillerie. Dans un corps semblable, un esprit conservateur doit garantir des changements non motivés; sans cela, tant de faiseurs de projets extravagants feraient bientôt tomber dans la confusion. Mais une sage réserve n'est pas le dédain des améliorations et des perfectionnements. Toutefois j'ai vu Fulton solliciter des expériences, demander de prouver les effets de ce qu'il appelait son invention. Le Premier Consul traita Fulton de charlatan et ne voulut entendre à rien. J'intervins deux fois sans pouvoir faire pénétrer le doute dans l'esprit de Bonaparte. Il est impossible de calculer ce qui serait arrivé s'il eût consenti à se laisser éclairer, et si, avec les moyens immenses à sa disposition, une flottille à vapeur eût fait partie des éléments de la descente projetée. C'était le bon génie de la France qui nous envoyait Fulton. Le Premier Consul, sourd à sa voix, manqua ainsi sa fortune.

(*Mémoires du maréchal* MARMONT, *duc de Raguse.* — Perrotin, éditeur.)

XXVII

ABANDON DU CAMP DE BOULOGNE

(AOUT 1805.)

Dès le commencement de mai on s'occupa d'embarquer tout le matériel d'artillerie, les équipages des divisions, les différents parcs. En juin, il ne restait plus que les armes, les poudres et les matières d'artifice exposées à s'avarier; ce fut plus tard le tour des sacs de farine, des caisses de biscuit. Enfin l'Empereur, instruit de ce qui se passait en Allemagne et voulant faire croire que tout était prêt pour son expédition, donna l'ordre d'embarquer l'armée.

Le 3 fructidor (21 août), l'armée s'embarqua. J'étais bien assuré que nous n'irions même pas hors du port, car la flottille n'était pas équipée de tout le nécessaire; je donnai l'exemple, mis sac au dos et pris place dans une chaloupe canonnière. Le même jour, l'infanterie débarqua et rentra au camp; l'artillerie, dont on s'occupe fort peu à la guerre, resta à bord et, pendant la nuit, les batteries furent sans canonniers, à la merci des Anglais. Le lendemain toutes les troupes revinrent à terre.

Cet embarquement fut l'unique résultat des préparatifs qu'on avait faits depuis deux ans pour épouvanter les Anglais. Les gens un peu clairvoyants croyaient fort peu à l'expédition et devinèrent dès la première année quel était le but de l'Empereur.

Le 7 fructidor (25 août), l'expédition d'Angleterre fut abandonnée; la garde partit pour Strasbourg; les 10, 12, 13 et 15 fructidor, les quatre divisions du corps d'armée aux ordres de M. le maréchal Soult, sous le nom de camp de Saint-Omer, quittèrent par ordre de numéro la côte de Boulogne et cheminèrent sur le Rhin, sous la dénomination de 4e corps de la Grande-Armée. Jamais départ ne fut plus leste ni plus joyeux. Les canonniers quittaient leurs batteries comme on quitte une caserne, sans attendre qu'on les relevât; les soldats saluaient de leurs acclamations la croisière anglaise, ils criaient Vive l'Empereur! et pas un qui n'eût préféré aller au fond de la Sibérie à faire l'expédition d'Angleterre.

Nous laissâmes notre flottille dans le port avec des ordres pour lui faire remonter la Liane; cette pauvre flottille! qu'est-elle devenue? on n'en a plus ouï parler.

PION DES LOCHES.

(*Mes Campagnes*. — Firmin-Didot et Cie, éditeurs.)

CAMPAGNE DE 1805

XXVIII

TROUPES NATIONALES ET TROUPES AUXILIAIRES

Je veux raconter un fait qui a pour objet de montrer combien est grande la supériorité qu'ont sur les troupes mercenaires, enrôlées à prix d'argent, des troupes françaises, et, en général, des troupes nationales levées comme les nôtres. J'avais complété ma seconde division par un régiment hollandais. Ce régiment, après avoir campé à Zeist pendant dix-huit mois, et reçu les mêmes soins que toutes mes autres troupes, valait ce que la Hollande a jamais eu de meilleur. Il était commandé par un nommé Pitcairn, excellent officier. Voici cependant ce qui lui arriva. Dans la marche pénible effectuée pendant la nuit, d'Augsbourg à Ulm, les troupes eurent beaucoup à souffrir : la rigueur du temps, l'obscurité de la nuit, les mauvais chemins, la longueur de la marche éparpillèrent beaucoup de soldats. En arrivant devant Ulm, j'avais à peine la moitié de mon monde; mais, en vingt-quatre heures tous les soldats français, à l'exception d'une centaine peut-être, rejoignirent leurs régiments. Le 8e régiment batave, fort de plus de mille hommes en partant d'Augsbourg,avait, en arrivant devant Ulm, *trente-sept hommes* à son drapeau. Au bout de huit jours, il avait quatre-vingts hommes; et jamais, pendant le reste de la campagne, son effectif ne s'est élevé au delà de cent trente hommes. Tous les soldats dispersés s'établirent dans des fermes en sauvegarde, et n'en sortirent pas de toute la guerre. Comparez de pareilles troupes à celles qui ont pour mobile l'honneur, le devoir, l'amour de la gloire et de la patrie!

(*Mémoires du maréchal* MARMONT, *duc de Raguse*. — Perrotin, éditeur.)

XXIX

SOUFFRANCES DE L'ARMÉE PENDANT LA CAMPAGNE D'ULM.

Cette courte campagne fut pour moi comme l'abrégé de celles qui suivirent. L'excès de la fatigue, le manque de vivres, la rigueur de la saison, les désordres commis par les maraudeurs, rien n'y manqua; et je fis en un mois l'essai de ce que j'étais destiné à éprouver dans tout le cours de ma carrière. Les brigades et même les régiments étaient quelquefois dispersés, l'ordre de les réunir sur un point arrivait tard, parce qu'il fallait passer par bien des filières. Il en résultait que le régiment marchait jour et nuit, et j'ai vu pour la première fois dans cette campagne dormir en marchant, ce que je n'aurais pas cru possible; on arrivait ainsi à la position que l'on devait occuper, sans avoir rien mangé et sans y trouver de vivres. Le maréchal Berthier, major général, écrivait : *Dans la guerre d'invasion que fait l'Empereur, il n'a pas de magasins, c'est aux généraux à se pourvoir des moyens de subsistance dans les pays qu'ils parcourent.* Mais les généraux n'avaient ni le temps, ni les moyens de se procurer régulièrement de quoi nourrir une si nombreuse armée. C'était donc autoriser le pillage, et les pays que nous parcourions l'éprouvèrent cruellement. Nous n'en avons pas moins bien souffert de la faim pendant la durée de cette campagne. A l'époque de nos plus grandes misères, une colonne de prisonniers traversa nos rangs; l'un d'eux portait un pain de munition, un soldat du régiment le prit de force; un autre lui en fit des reproches, et il s'établit une discussion entre eux pour savoir s'il était loyal d'ôter les vivres à un prisonnier; le premier alléguant le droit de la guerre, nos propres misères, le besoin de nous conserver; l'autre le droit de possession et l'humanité. La discussion fut longue et très vive. Le premier,

Fig. 24. — Mack à bout. D'après une caricature de l'époque.

impatienté, finit par dire à l'autre. *Ce qui arrivera de là, c'est que je ne t'en donnerai pas. — Je ne t'en demande pas, répondit celui-ci, je ne mange point de ce pain-là.* Pour apprécier la beauté de cette réponse et la noblesse de ce sentiment, il faut penser que celui qui l'exprimait était lui-même accablé de fatigue et mourant de faim.

Un autre jour, un petit soldat de la compagnie, à qui j'avais rendu quelques services, me donna en cachette un morceau de pain de munition et la moitié d'un poulet, qu'il avait enveloppé dans une chemise sale. Je n'ai de ma vie fait un meilleur repas.

Le mauvais temps rendit nos souffrances plus cruelles encore. Il tombait une pluie froide, ou plutôt de la neige à demi fondue, dans laquelle nous enfoncions jusqu'à mi-jambes, et le vent empêchait d'allumer du feu. Le 16 octobre en particulier, jour où M. Philippe de Ségur porta au général Mack la première sommation, le temps fut si affreux que personne ne resta à son poste. On ne trouvait plus ni grand'garde ni factionnaire. L'artillerie même n'était pas gardée : chacun cherchait à s'abriter comme il le pouvait, et, à aucune autre époque, excepté la campagne de Russie, je n'ai autant souffert, ni vu l'armée dans un pareil désordre. J'eus occasion de remarquer alors combien il importe que les officiers d'infanterie soient à pied et s'exposent aux fatigues aussi bien qu'aux dangers. Un jour un soldat murmurait; son capitaine lui dit : *De quoi te plains-tu? tu es fatigué, je le suis aussi. Tu n'as pas mangé, ni moi non plus. Tu as les jambes dans la neige, regarde-moi.* Avec un pareil langage, il n'est rien qu'on ne puisse exiger des soldats, rien qu'on ne soit en droit d'attendre d'eux. C'est la célèbre réponse de Montézuma : *Et moi! suis-je donc sur un lit de roses?*

Toutes ces causes développèrent l'insubordination, l'indiscipline et le maraudage. Lorsque par un temps pareil des soldats allaient dans un village chercher des vivres, ils trouvaient tentant d'y rester. Aussi le nombre d'hommes isolés qui parcouraient le pays devint-il considérable. Les habitants en éprouvèrent des vexations de tous genres, et des officiers blessés qui voulaient rétablir l'ordre furent en butte aux menaces des maraudeurs. Tous ces détails sont inconnus de ceux qui lisent l'histoire de nos campagnes. On ne voit qu'une armée valeureuse, des soldats dévoués, rivalisant de gloire avec leurs officiers. On ignore au prix de quelles souffrances s'achètent souvent les plus éclatants succès. On ignore combien dans une armée les exemples d'égoïsme ou de lâcheté s'unissent aux traits de générosité et de courage.

(*Souvenirs militaires du duc de* FEZENSAC. — Paris, Baudoin, éditeur.)

XXX

CAPITULATION D'ULM

L'ARMÉE AUTRICHIENNE DÉPOSE LES ARMES (20 OCTOBRE 1805).

Le jour de cette pénible cérémonie pour l'armée autrichienne était arrivé. Notre armée se rangea en bataille sur les hauteurs, dans tout l'éclat d'une toilette militaire aussi recherchée que sa position le permettait et d'une propreté admirable.

Les tambours battaient, les musiques jouaient; la porte d'Ulm s'ouvrit; l'armée autrichienne s'avança en silence, défila lentement et alla, corps par corps, mettre bas les armes dans un terrain que l'on avait disposé pour les recevoir.

Cette journée, si pénible pour les Autrichiens, mit en notre pouvoir 36.000 hommes; 6.000 avaient été pris dans Memmingen, environ 2.000 au combat de Wertingen. Si on ajoute à cela ce qui tomba dans nos mains au combat d'Elchingen et dans la poursuite de l'archiduc, on trouvera que ce n'est pas exagérer que d'évaluer la perte totale de l'armée autrichienne à 50.000 hommes, 70 pièces de canon et environ 3.500 chevaux, qui servirent à monter une division de dragons qui était venue de Boulogne à pied. La cérémonie dura toute la journée. L'Empereur était placé sur un monticule en avant, au centre de son armée; on avait allumé un grand feu près duquel il reçut les généraux autrichiens au nombre de dix-

25. — Reddition d'Ulm. Tableau de Thévenin. (*Galeries historiques de Versailles.*)

sept. Ils étaient tous fort tristes; ce fut l'Empereur qui soutint la conversation; il leur dit entre autres choses : « Il est malheureux que d'aussi braves gens que vous, dont les noms sont honorablement cités partout où vous avez combattu, soient les victimes des sottises d'un cabinet qui ne rêve que des projets insensés et qui ne rougit pas de compromettre la dignité de l'État et de la nation en trafiquant des services de ceux qui sont destinés à la défendre. C'est déjà une chose inique, que de venir, sans déclaration de guerre, me prendre à la gorge; mais c'est être coupable envers ses peuples que d'appeler chez eux une invasion étrangère; c'est trahir l'Europe que d'immiscer les hordes asiatiques dans nos débats. Au lieu de m'attaquer sans motif, le conseil aulique eût dû s'allier à moi pour repousser l'armée russe. C'est une chose monstrueuse pour l'histoire que cette alliance de votre cabinet; elle ne peut être l'ouvrage des hommes d'État de votre nation; c'est, en un mot, l'alliance des chiens et des bergers avec les loups, contre les moutons. En supposant que la France eût succombé dans cette lutte, vous n'auriez pas tardé à vous apercevoir de la faute que vous aviez faite. »

Cette conversation ne fut pas perdue pour tous; cependant aucun ne répondit.

(*Mémoires de* SAVARY, *duc de Rovigo.*)

XXXI

UNE SURPRISE

Arrivé à Reifling, je voulus avoir des nouvelles du mouvement des troupes ennemies qui se retiraient par les montagnes. J'envoyai en reconnaissance le capitaine Testot-Ferry, un de mes aides de camp, bon soldat et homme de guerre très distingué, avec deux cents chevaux du 8e de chasseurs, et je le chargeai de remonter la Salza. Arrivé à une lieue de la grande route, des paysans l'informèrent qu'un bataillon autrichien venait d'arriver et de camper à une lieue plus loin. Voulant le reconnaître avant de rentrer, il passa la revue de la ferrure de ses chevaux, et ne prit que ceux qui pouvaient marcher plus facilement sur le terrain couvert de glace. Il laissa en arrière le reste pour lui servir de réserve, et se mit en route avec cent vingt chevaux. Arrivé près du lieu où on lui avait annoncé le camp de ce bataillon, il traversa seul un bois pour observer sans être aperçu, et il vit le bataillon sans défiance, n'ayant placé aucun poste de sûreté, entièrement occupé à son établissement. Il réjoignit son détachement, laissa ses trompettes à la lisière du bois, où elles donnèrent la charge au moment même où il se précipitait sur le camp avec sa troupe, renversant et brisant les fusils, fit réunir immédiatement le bataillon sans armes, et me l'amena prisonnier à mon quartier général. Ce bataillon était fort de quatre cent cinquante hommes et de dix-neuf officiers. Ce trait est certainement une des actions de troupes légères les plus jolies qu'on puisse citer.

(*Mémoires du maréchal* MARMONT, *duc de Raguse.* — Perrotin, éditeur.)

XXXII

COMBAT D'AFFLENZ

(8 NOVEMBRE 1805).

Cent hommes choisis dans le 7e régiment de hussards et commandés par le chef d'escadron Méda furent chargés de poursuivre le corps de Meerfeld qui se retirait sur Bruck; je fus désigné moi-même par le chef d'escadron pour former son avant-garde, avec 20 sous-officiers et hussards à mon choix. Le même jour, de bon matin, le détachement se mit à la poursuite de l'ennemi. J'avais ordre de le charger à outrance avec mes vingt hommes, quand je l'atteindrais. Après lui avoir fait pendant la journée un grand nombre de prisonniers, je finis par entrer à dix heures du soir dans son camp; j'avais enlevé tous ses postes, et je mis ce camp dans le plus grand désordre par la charge rapide que fit ma poignée d'hommes en poussant de grands cris. Le commandant était resté à une lieue en arrière pour rassembler les prisonniers. Le lendemain 8, le détachement se remit en marche de grand matin et, à une lieue avant d'arriver à Afflenz, je pris avec mes vingt hommes plus de trois cents fantassins; je continuais à marcher en avant lorsque, dans un chemin fort creux qui ne pouvait contenir que cinq cavaliers de front, mon petit détachement fut tout à coup chargé par le régiment de Meerfeld-uhlans, fort de plus de 500 chevaux. Il n'y avait pas de milieu : il fallait payer d'audace pour vaincre en ne sortant pas de mon chemin creux. Je me dis de suite : j'ai vingt hommes avec moi; dans la position où je suis, dix mille hommes ne peuvent me faire reculer, puisqu'ils ne peuvent toujours combattre que sur cinq de front comme nous. Alors, au lieu de rebrousser chemin à la vue de cette troupe qui venait sur nous au galop, je dis à mes hussards : « Vous êtes tous les plus braves soldats du régiment : chargeons et enfonçons l'ennemi. » Je partis au galop; le choc fut rude, et le combat dura près de dix minutes de front, corps à corps, jusqu'à ce que l'ennemi, apercevant le détachement du commandant qui arrivait, crut que c'était la tête d'une colonne considérable et, faisant demi-tour, battit en retraite. Je le poursuivis jusque dans la ville d'Afflenz et lui fis beaucoup de prisonniers, tandis que le chef d'escadron se tenait sur la hauteur en arrière avec ses quatre-vingts hommes. Si, à la vue de cette colonne, j'avais battu en retraite avec mes vingt hommes et quitté le chemin creux, les cent hommes du détachement auraient tous été pris, puisque le régiment avait suivi le maréchal Davout et se trouvait à huit ou dix lieues de nous.

Pendant le combat du chemin creux où les deux têtes de colonne se sabraient corps à corps, la lame de mon sabre se cassa en frappant sur le visage d'un uhlan. Je n'eus que le temps de prendre le sabre d'un hussard qui était à côté de moi et qui, se jetant en arrière, fut immédiatement remplacé par son serre-file. Lorsque le détachement rejoignit le régiment, le chef d'escadron fit son rapport au colonel, avec lequel je n'avais pas encore fait la guerre : « Ce diable de Curély », s'écria-t-il, « il est bon partout! » Je reçus la croix d'honneur pour cette action.

(*Le général* CURÉLY. — Un vol. in-12, Paris, 1887. Berger-Levrault et Cie, éditeurs.)

XXXIII

PRÉTENTIONS DE LA GARDE IMPÉRIALE

Ce qui nous suscitait le plus d'ennuis, c'étaient les prétentions hautaines de la garde impériale dont le simple soldat, à l'exemple de ses chefs, se croyait beaucoup au-dessus de ses supérieurs de la ligne. Aussi l'armée entière redoutait-elle le contact de ce corps gâté par les faveurs, par l'extrême indulgence et la partialité du monarque généralissime. Cependant, pour entrer dans cette garde orgueilleuse, on n'exigeait, du soldat, que quelques années de service et un physique avantageux, de l'officier, que la connaissance de quelque camarade déjà admis lui-même par la protection d'un ami ou d'un parent. En voyant défiler ces magnifiques batteries de la garde dont les moindres voitures étaient attelées de six chevaux choisis et bien nourris, tandis que les pièces et les caissons de l'artillerie de ligne étaient péniblement traînés par quatre haridelles, souvent privées de fourrages, on était porté à se demander si toutes les charges du service devaient être supportées par cette artillerie si choyée et si bien entretenue. Tout était dans le même rapport. Certes, il n'est pas indifférent pour une armée de posséder d'excellentes réserves et il n'est pas douteux que Jourdan et Moreau en avaient à Fleurus et à Hohenlinden, quoiqu'ils n'eussent pas de garde. Je conviendrai même qu'elles sont particulièrement indispensables lorsque le souverain commande en personne, et naturellement c'est à sa garde qu'appartient ce service. Mais au moins, qu'on ne tolère pas chez elle un égoïsme et une arrogance insupportables, et que, pour elle, on ne mécontente ni ne décourage l'armée qui donne constamment, qu'on fatigue et qu'on expose sans trève ni repos.

Fig. 26. — Batterie d'artillerie de la garde impériale.

A Enns, par exception, je vis l'Empereur se fâcher contre sa garde qui, se croyant tout permis, avait réussi à lasser sa patience. Souvent déjà, il nous était arrivé, lorsqu'à la suite d'une marche pénible, nous étions plongés dans un sommeil réparateur qui devait nous rendre des forces pour l'étape du lendemain, d'être réveillés en sursaut par la générale ou le tocsin et par les cris : *au feu! au feu!* Ce jour-là, l'Empereur fatigué de ces alertes, mit à l'ordre que désormais, tout dégât produit par un incendie allumé en dehors du combat, dans les quartiers occupés par sa garde, serait payé par elle. Depuis lors nous dormîmes, je ne dis pas plus longuement, mais du moins, plus tranquillement.

Souvenirs militaires du baron HULOT.
(Publication du *Spectateur militaire*.)

XXXIV

SURPRISE DU PONT DE VIENNE

(NOVEMBRE 1805.)

La surprise si singulière du pont du Thabor mérite d'être racontée. Après la prise de possession de Vienne par capitulation, les troupes françaises se portèrent sur les bords du Danube. Là, le fleuve a une grande largeur. Les Autrichiens avaient tout préparé pour en défendre le passage et pour détruire le pont sur pilotis existant et servant à la communication de la capitale avec la Moravie et la Bohême. Des batteries formidables, placées sur la rive gauche, le pont couvert de matières combustibles, rendaient la défense facile : une étincelle pouvait le détruire, quand les troupes françaises se présentèrent à l'entrée; à leur tête se trouvaient Murat, Lannes et Oudinot.

La remise de la place avait fait cesser les hostilités et produit une de ces suspensions d'armes en usage à la guerre dans des circonstances semblables. Les pourparlers pour l'évacuation de Vienne avaient amené plusieurs fois des officiers généraux autrichiens dans le camp français. Le bruit d'un armistice se répandit; les Autrichiens le désiraient ardemment, et on croit volontiers ce qu'on désire. Ce bruit accrédité contribua sans doute à faire suspendre la destruction du pont.

Les Allemands, sont, de leur nature, conservateurs, économes, et un pont comme celui-là est d'un grand prix. Murat et Lannes, tous les deux Gascons, imaginèrent de profiter de cette disposition des esprits et d'en abuser. Ils mirent en mouvement leurs troupes, sans paraître hésiter. On leur cria de s'arrêter; elles le firent, mais elles répondirent qu'il y avait un armistice, et que cet armistice nous donnait le passage du fleuve.

Les deux maréchaux, se détachant des troupes, vinrent seuls sur la rive gauche pour parler au prince Auersperg, qui y commandait, en donnant l'ordre à la colonne d'avancer insensiblement. La conversation s'entama; mille sornettes furent débitées à ce stupide prince Auersperg, et, pendant ce temps, les troupes gagnaient du terrain et jetaient sans affectation dans le Danube la poudre et les matériaux combustibles dont le pont était couvert. Les plus minces officiers, les derniers soldats autrichiens, jugeaient l'événement; ils voyaient la fraude et le mensonge, et les esprits commençaient à s'échauffer.

Un vieux sergent d'artillerie s'approche brusquement du prince et lui dit avec impatience et colère : « Mon général, on se moque de vous, on vous trompe, et je vais mettre le feu aux pièces. » Le moment était critique; tout allait être perdu, lorsque Lannes, avec cette présence d'esprit qui ne l'abandonnait jamais, et cette finesse, cet instinct du cœur humain, apanage particulier des Méridionaux, appelle à son secours la pédanterie autrichienne, et s'écrie : « Comment, général, vous vous laissez traiter ainsi! Qu'est donc devenue la discipline autrichienne, si vantée en Europe? » L'argument produisit son effet. L'imbécile prince, piqué d'honneur, se fâcha contre le sergent, le fit arrêter. Les troupes, arrivant, prirent canons, généraux, soldats, et le Danube fut passé. Jamais chose semblable n'est arrivée dans des circonstances tout à la fois aussi importantes et aussi difficiles.

Cet événement décida la direction de la campagne, et amena les immenses succès qui la couronnèrent. Si le pont eût été brûlé, l'Empereur, manœuvrant contre l'archiduc, et celui-ci étant encore éloigné, eût dû peut-être sortir du bassin du Danube supérieur. Les Russes auraient pu à leur aise, si le passage de vive force à Vienne leur eût paru trop difficile, marcher sur Presbourg ou plus bas. L'archiduc, que la sotte confiance des Russes n'animait pas, eût refusé la bataille. Il aurait manœuvré de manière à opérer sa jonction avec eux avant le combat. Alors c'était une grande bataille contre deux cent mille hommes, au fond de la Hongrie, loin de nos ressources et de nos points d'appui. La campagne eût pu avoir des résultats tout différents.

(*Mémoires du maréchal* MARMONT, *duc de Raguse.* — Perrotin, éditeur.)

XXXV

LA VEILLE D'AUSTERLITZ

Dans la nuit l'empereur Napoléon vint visiter les bivouacs de l'armée; il était accompagné des princes Berthier et Murat et des maréchaux Soult et Lannes. Arrivé à la 1re compagnie des grenadiers du 4me régiment de ligne, commandée par le capitaine Boucault, il dit aux grenadiers de cette compagnie : « Eh bien, Gascons du 4e, êtes-vous bien préparés à vous battre demain matin? — Oui, sacredieu, répondit un caporal de cette compagnie, car voyez, Sire, dit-il en montrant à l'Empereur des pommes de terre en robe de chambre, on n'engraisse pas les soldats français en campagne avec une aussi mauvaise cuisine! — Allons, répliqua l'Empereur, j'espère que demain soir les choses iront mieux. — Et nous aussi, dirent presque tous les grenadiers, car nous sommes bien disposés à faire danser les Russes. »

Le bivouac de cette compagnie était entouré, comme tous ceux du camp, de bois de démolition destiné à alimenter le feu pendant la nuit. Quand l'Empereur fut pour sortir de ce bivouac, il ne trouva pas d'issue pour franchir ce bois jeté circulairement autour du feu. Ce fut alors que le capitaine de grenadiers Boucault alluma une torche de paille pour éclairer l'Empereur; tout aussitôt les grenadiers en mirent au bout des perches de démolition qui entouraient leur bivouac, et dans moins de deux minutes tous les bivouacs de l'armée furent illuminés de cette manière.

Fig. 27. — Bivouac de l'armée française la veille de la bataille d'Austerlitz (1er décembre 1805). Tableau de Bacler Dalbe.

Ce magnifique spectacle dut singulièrement étonner l'armée combinée dont les bivouacs étaient en face et à une petite lieue des nôtres. L'empereur Napoléon en fut si agréablement surpris, qu'il en augura qu'avec une armée qui craignait si peu de se mettre à découvert devant un ennemi beaucoup plus nombreux qu'elle, on devait être certain de la victoire.

Les régiments et les divisions que l'Empereur n'avait point visités s'imaginant que c'était pour célébrer l'anniversaire de son couronnement qu'on avait improvisé cette illumination se mirent à crier : Vive l'Empereur ! vive Napoléon ! cris que toute l'armée française répéta pendant plus d'une heure. Il est probable que cette idée fut celle de beaucoup d'officiers et de soldats qui prirent une si grande part à cette réjouissance, mais je dois à la vérité de déclarer que l'illumination commença comme je viens d'en donner les détails ci-contre.

(*Mémoires du général* BIGARRÉ. — Paris, Léon Chailley, éditeur).

XXXIV

BATAILLE D'AUSTERLITZ

(2 DÉCEMBRE 1805.)

L'Empereur passa sa journée entière à cheval, à voir lui-même son armée régiment par régiment. Il parla à la troupe ; il vit tous les parcs, toutes les batteries légères ; donna les instructions à tous les officiers et canonniers. Il alla ensuite visiter les ambulances et les moyens de transport pour les blessés.

Il revint dîner à son bivouac et y fit appeler tous ses maréchaux : il les entretint de tout ce qu'ils devaient faire le lendemain et de tout ce qu'il était possible que les ennemis entreprissent !

On aurait pu écrire un volume de tout ce qui sortit de son esprit dans ces vingt-quatre heures.

On avait vu dans toute l'après-midi l'armée russe arriver et prendre des positions très rapprochées de notre droite.

L'Empereur était prêt dans les deux hypothèses ou de recevoir l'attaque de l'ennemi, ou de l'attaquer lui-même.

Le soir, c'était le 1er décembre, il s'engagea à notre extrême droite un tiraillement qui se prolongea assez tard pour donner de l'inquiétude à l'Empereur. Il avait déjà envoyé plusieurs fois savoir d'où il provenait ; il me fit appeler et m'ordonna d'aller jusqu'à la communication entre la division du général Legrand et celle du général Friant, et de ne pas revenir sans connaître ce que faisaient les Russes, ajoutant que ce tiraillement devait couvrir quelque mouvement.

Je n'eus pas bien loin à aller; car, à peine arrivé à la droite de la division Legrand, je vis son avant-garde qui était repoussée d'un village placé au pied de la position des Russes, qui avaient voulu s'en emparer pour déboucher de là sur notre droite, la nature du terrain favorisait leur mouvement qui était déjà commencé lorsque j'arrivai.

Il faisait un beau clair de lune; cependant ils ne continuèrent pas ce mouvement à cause de la nuit qui s'obscurcit bientôt : ils se contentèrent de s'amonceler sur ce point, de manière à se déployer rapidement à la pointe du jour.

Je revins à toutes jambes rapporter ce que j'avais vu; je trouvai l'Empereur couché sur la paille et dormant profondément sous une baraque que les soldats lui avaient faite, si bien que je fus obligé de le secouer pour le réveiller. Je lui fis mon rapport; il me fit répéter, envoya chercher le maréchal Soult et monta à cheval pour aller visiter lui-même toute sa ligne et voir le mouvement des Russes sur sa droite; il en approcha aussi près que possible. En revenant à travers les lignes du bivouac, il fut reconnu par les soldats, qui allumèrent spontanément des torches de paille; cela se communiqua d'un bout de l'armée à l'autre; dans un instant, il y eut une illumination générale et des cris de : *Vive l'Empereur* qui s'élevaient jusqu'aux nues.

L'Empereur rentra fort tard, et quoiqu'il continuât à prendre du repos, il ne fut pas sans inquiétude sur ce que pourrait devenir le mouvement de sa droite pour le lendemain.

Il était éveillé et debout à la pointe du jour pour faire prendre en silence les armes à toute l'armée.

Il y avait un brouillard très épais, qui enveloppait tous nos bivouacs au point de ne pouvoir distinguer à dix pas. Il nous fut favorable et nous donna le temps de nous disposer;

cette armée avait été si bien dressée au camp de Boulogne, que l'on pouvait compter sur le bon état dans lequel chaque soldat tenait son armement et son équipement.

A mesure que le jour arrivait, le brouillard paraissait se disposer à remonter. Le silence jusqu'à l'extrémité de l'horizon était absolu; on n'eût jamais pensé qu'il y avait autant de monde et de foudres enveloppés dans ce petit espace.

L'Empereur me renvoya encore à l'extrême droite pour observer le mouvement des Russes : ils commençaient à déboucher sur le général Legrand, comme j'arrivais près de lui; mais le brouillard empêchait de bien juger le mouvement.

Je revins en rendre compte. Il était à peu près sept heures du matin; le brouillard était déjà assez remonté pour que je n'eusse plus besoin de suivre la ligne des troupes pour ne pas m'égarer (on était à deux cents toises des Russes).

L'Empereur voyait toute son armée, l'infanterie et la cavalerie formées en colonnes par divisions.

Tous les maréchaux étaient près de lui et le tourmentaient pour commencer : il résista à leurs instances jusqu'à ce que l'attaque des Russes se fût plus prononcée à sa droite; il avait fait dire au maréchal Davout d'appuyer le général Legrand, qui bientôt après fut attaqué et eut toute sa division engagée. Lorsque l'Empereur jugea à la vivacité du feu que l'attaque était sérieuse, il fit partir tous les maréchaux et leur ordonna de commencer.

Cet ébranlement de toute l'armée à la fois eût quelque chose d'imposant; on entendait les commandements des officiers particuliers; elle marcha comme à la manœuvre jusqu'au pied de la position des Russes, en s'arrêtant parfois pour rectifier ses distances et ses directions. Le général Saint-Hilaire attaqua de front la position russe qu'on appelle dans le pays montagne du Pratzen; il y soutint un feu de mousqueterie épouvantable, qui aurait ébranlé un autre que lui. Ce feu dura deux heures; il n'eut pas un bataillon qui ne fût déployé et engagé.

Le général Vandamme, qui avait un peu plus d'espace à parcourir pour joindre l'ennemi au feu, arriva sur lui en co-

Fig. 28. — Napoléon donnant ses ordres avant la bataille d'Austerlitz.
Tableau de Carle Vernet.

lonne, le culbuta et fut maître de sa position et de son artillerie en un instant.

L'Empereur fit de suite marcher une des divisions du maréchal Bernadotte derrière la division Vandamme et une portion des grenadiers réunis derrière celle de Saint-Hilaire. Il envoya ordre au maréchal Lannes d'attaquer promptement et vivement la droite des ennemis afin qu'elle ne vînt point au secours de leur gauche, qui se trouvait totalement engagée par le mouvement de l'Empereur.

La portion de l'armée ennemie, qui avait commencé son mouvement sur le général Legrand, voulut rétrograder et remonter le Pratzen. Le général Legrand la suivit de si près appuyé de la division Friant qu'elle fut forcée de combattre comme elle se trouvait placée sans oser reculer ni avancer.

Le général Vandamme, dirigé par le maréchal Soult et appuyé d'une division de Bernadotte, fit un changement de direction par le flanc droit pour attaquer, en les débordant, toutes les troupes qui étaient devant la division Saint-Hilaire.

Ce mouvement réussit pleinement et les deux divisions Saint-Hilaire et Vandamme réunies sur le Pratzen même par ce mouvement n'eurent plus besoin des secours de la division Bernadotte. Elles firent un deuxième changement de direction par leur flanc droit et descendirent du Pratzen pour attaquer en queue toutes les troupes qui étaient opposées au général Legrand. Ces troupes quittèrent, pour attaquer les Russes, la position d'où ceux-ci étaient descendus pendant la nuit précédente pour attaquer le général Legrand. Elles avaient ainsi parcouru le demi-cercle complet.

L'Empereur fit appuyer ce mouvement par les grenadiers réunis et la division de la garde à pied. Il eut un plein succès et décida la bataille.

Le général Vandamme, en commençant son premier changement de direction à droite eut un échec. Le 4e régiment de ligne perdit une de ses aigles dans une charge de cavalerie exécutée sur lui par la garde russe. Mais les chasseurs de garde et les grenadiers de service près de l'Empereur chargèrent si à propos que cet accident n'eut pas de suites.

C'est après le deuxième changement de direction à droite de la même division Vandamme, alors en communication avec Saint-Hilaire, que l'Empereur ordonna à celle des divisions de Bernadotte, qui suivait le mouvement, d'aller droit devant elle et de ne plus suivre la direction de Vandamme.

Cette division le fit; elle combattit l'infanterie de la garde russe, l'enfonça et la mena battant une bonne lieue; mais elle revint à sa position, on ne put savoir pourquoi. L'Empereur, qui avait suivi le mouvement de la division Van-

Fig. 29. -- Bataille d'Austerlitz (2 décembre 1805). D'après Swebach et Duplessis-Bertaux.

damme, fut fort étonné, en revenant le soir de trouver cette division de Bernadotte sur la place d'où il l'avait lancée lui-même le matin. On va voir s'il avait lieu d'être mécontent du mouvement rétrograde de cette division.

La gauche de notre armée, sous les ordres du maréchal Lannes, et où était toute notre cavalerie aux ordres du général Murat, avait enfoncé et mis en fuite toute la droite de l'armée russe, qui, à la nuit tombante, prit la route d'Austerlitz pour se rallier aux débris de l'autre portion de cette armée, que le maréchal Soult avait combattue. Si la division du maréchal Bernadotte eût continué à marcher encore une demi-heure, au lieu de revenir à sa première position, elle se serait trouvée à cheval sur la route d'Austerlitz à Olitsch, où la gauche de l'armée russe faisait sa retraite. En empêchant ce mouvement, elle complétait sa destruction.

Toute la journée fut une suite de manœuvres dont pas une ne manqua et qui coupèrent l'armée russe, surprise par un mouvement de flanc, en autant de tronçons qu'on lui présenta de têtes de colonne pour l'attaquer.

Tout ce qui était descendu de Pratzen pour attaquer les généraux Legrand et Friant fut pris sur place par le résultat des mouvements des divisions Saint-Hilaire et Vandamme, dirigées par le maréchal Soult.

En résumé il nous resta, avec le champ de bataille, cent pièces de canon et 43.000 prisonniers de guerre, sans compter les blessés et les tués qui restèrent sur le terrain. Il était difficile de voir une journée plus victorieuse et plus décisive. L'Empereur revint le soir tout le long de la ligne où les différents régiments de l'armée avaient combattu. Il était déjà nuit; il avait recommandé le silence à tout ce qui l'accompagnait afin d'entendre les cris des blessés. Il allait tout de suite de leur côté, mettait lui-même pied à terre et leur faisait boire un verre d'eau-de-vie de la cantine qui le suivait toujours. Je fus avec lui toute cette nuit, pendant laquelle il resta fort tard sur le champ de bataille. L'escadron de son escorte l'y passa tout entière à ramasser des capotes russes sur les morts pour en couvrir les blessés. Il fit lui-même allumer de grands feux, auprès desquels il les fit réunir, envoya chercher partout un commissaire des guerres et ne se retira point qu'il ne fût arrivé; lui ayant laissé un piquet de sa propre escorte, il lui enjoignit de ne pas quitter ses blessés qu'ils ne fussent tous à l'hôpital.

Ces braves gens le comblaient de bénédictions qui trouvaient bien mieux le chemin de son cœur que toutes les adulations des courtisans. C'est ainsi qu'il s'attacha le cœur de ses soldats qui savaient que quand ils étaient mal, ce n'était pas sa faute. Aussi ne s'épargnaient-ils pas à son service.

La nuit était si noire que nous nous égarâmes en revenant au quartier général et que si nous ne fussions pas tombés dans les bivouacs de la division Cafarelli, je ne sais où nous aurions été.

L'Empereur vint passer la nuit dans une mauvaise chaumière située sur le chemin de Brunn, au point où il s'embranche avec celui d'Austerlitz. Il était extrêmement fatigué, mais il était en même temps si satisfait de la manière dont tout le monde avait fait son devoir, qu'il fut d'une humeur charmante. Il ne refusait rien de ce qu'on lui demandait; il fit souper avec lui tout ce qui était là... Quand je dis souper, je veux dire qu'on se mit à table et que ce furent les soldats qui étaient dans les environs qui fournirent quelques provisions. Les gens de l'Empereur le cherchaient sur le champ de bataille et n'arrivèrent qu'après qu'il fut endormi.

(*Mémoires de* SAVARY, *duc de Rovigo.*)

XXXVII

BATAILLE D'AUSTERLITZ

Lettre du caporal Bugeaud à sa sœur, Mlle Philis de la Piconnerie.

Brünnen, capitale de la Moravie, 19 frimaire 1805.

Ne sois pas étonnée de mon silence, chère amie, la rapidité de notre marche et le peu de repos qu'on nous donne ne m'ont pas même permis de t'écrire ces derniers jours; mais aujourd'hui je vais me dédommager un peu. Une indisposition de l'Empereur nous retient dans cette ville deux ou trois jours, ce qui me donne un moment pour m'entretenir avec toi. Comme je sais que tu es curieuse de tous les détails, je vais reprendre le récit de la campagne depuis Augsbourg. Après mon retour d'Ulm, nous partîmes de cette ville et nous fûmes droit à Munich, capitale de la Bavière, où nous restâmes trois jours. Nous traversâmes ensuite le reste de la Bavière pour marcher contre les Russes, qui étaient sur les bords de l'Inn. Les ennemis ont toujours battu en retraite, et on n'a eu jusqu'à Vienne que quelques légers combats avec leurs arrière-gardes. Nous avons donc traversé l'Autriche comme des voyageurs, et, après nous y être arrêtés trois jours à Lintz, nous sommes arrivés dans cette capitale orgueilleuse, dont la prise semblait être le terme de nos travaux et de nos misères; mais, hélas! ma chère, quelle fut ma surprise et ma douleur quand je vis que nous traversions la ville sans nous y arrêter!

A peu de distance de Vienne, on a fait un grand nombre de prisonniers, et l'on s'est emparé d'un parc considérable. Le lendemain nous sommes arrivés sur le champ de bataille d'un combat très vif que l'on venait d'avoir avec les Russes; les morts couvraient la plaine des deux côtés de la route. J'en regarde quelques-uns pour voir les différents régiments qui ont donné; j'en aperçois beaucoup du 75e; je m'informe, on me dit que ce régiment a été très maltraité et qu'il a perdu beaucoup d'officiers, mais enfin j'apprends que Joseph se porte bien et qu'il en a été quitte pour quelques coups de crosse sur la tête. Nous sommes entrés en Moravie et nous avons demeuré quelques jours dans la capitale, où je suis encore à présent. Là, on a parlé de paix; il est venu des ambassadeurs, mais sans doute les conditions leur ont paru trop dures. Les ennemis ont voulu tenter le sort d'une bataille, ils ont réuni leurs forces à quatre lieues d'ici; leur armée était formidable et les deux empereurs les commandaient en personne.

Trois jours avant la bataille, on nous a fait sortir de la ville et nous avons été camper à une lieue de l'ennemi. L'Empereur y est venu lui-même et a couché dans sa voiture, au milieu de notre camp. Pendant les trois jours qui ont précédé la bataille, il n'a cessé de se promener dans tous les camps et de parler tantôt aux soldats, tantôt aux chefs.

Nous faisions groupe autour de lui. J'ai entendu plusieurs de ses conversations qui étaient très simples, mais qui roulaient toujours sur les devoirs des militaires. Enfin, la veille de la bataille, qui était celle de l'anniversaire de son couronnement, il fit une proclamation dans laquelle il nous engagea à nous conduire avec notre intrépidité ordinaire et nous promit de se tenir loin de nous tant que la victoire nous suivrait.

« Mais, dit-il, si par malheur vous balancez un moment, vous me verrez voler dans vos rangs pour y remettre le bon ordre. » Il nous promit ensuite de nous donner la paix après cette bataille, nous assurant que nous prendrions nos cantonnements. Nous répondîmes par des cris de joie qui annoncèrent un heureux succès. Des torches s'allumèrent, la musique se joignit aux chants d'allégresse de toute l'armée. Il semblait que chacun célébrait son retour dans sa famille et éprouvait la joie qu'on ressent en voyant son père, sa mère et ses frères. Cependant combien de ces hommes si joyeux ne devaient plus revoir leur patrie !

Dès l'aurore, les tambours et les trompettes annoncent le combat; on part au cri de *Vive l'Empereur !* on bat la charge. Ces mots sont encore répétés avec plus de force et portent la terreur dans les rangs ennemis. Nous chargeons avec la rapidité de l'éclair et le carnage est horrible. Les balles sifflent. L'air gémit au bruit des canons et de nos voix menaçantes que la mort suit de près. Bientôt les phalanges ennemies s'ébranlent et se mettent en désordre; enfin nous les culbutons entièrement. Un point nous résiste; les batteries en un instant sont enlevées, les canonniers hachés sur leurs pièces, et ce qui échappe à notre fer cherche son salut dans la fuite ou une mort plus lente dans les lacs. On n'a rien vu d'égal, ma bonne amie, à cette bataille mémorable. De l'avis des plus vieux militaires, c'est la plus meurtrière qu'il y ait encore eu. Je ne veux pas te peindre l'horreur du champ de bataille : les blessés, les mourants implorant la pitié de leurs camarades. J'aime mieux ménager ta sensibilité et me bornerai à te dire que j'ai été très ému et que j'ai désiré que les empereurs et les rois qui cherchent la guerre sans des motifs légitimes fussent condamnés, pour leur vie, à entendre les cris des misérables blessés qui sont restés trois jours sur le champ de bataille sans qu'on leur ait porté aucun secours. La

Le prince Repnin, prisonnier. Le général Rapp. Napoléon.

Fig. 30. — Bataille d'Austerlitz (2 décembre 1805). Tableau de Gérard, au Musée de Versailles. D'après la gravure de Couché fils et Bovinet.

perte du côté des Russes est innombrable; ce qu'il y a de sûr, c'est qu'on voit sur le champ de bataille au moins soixante Russes pour un Français; ce n'est qu'en un endroit que j'ai vu presque autant de Français que de Russes.

Depuis ce jour, il n'y a plus eu de combat. Les deux empereurs se sont vus en notre présence; on assure que celui d'Allemagne a promis tout ce qu'a voulu celui de France. Les troupes se retirent, nous retournons à Vienne demain et j'espère que nous ne tarderons pas à reprendre la route de Paris. Arrivé, je demande une permission et je vole dans ma famille. C'est près de toi, c'est près de vous tous que je compte me dédommager de toutes mes fatigues et oublier toutes mes peines. Un seul instant effacera tout cela et je t'embrasserai de grand cœur.

L'Empereur nous a fait un petit discours en proclamation qui a été lu dans toute l'armée. Il y a témoigné sa satisfaction pour notre courage et commence par ces mots : « Soldats, je suis content de vous! » Il nous promet ensuite une paix digne de nous, et puis nous annonce notre prochain retour dans notre patrie et la joie de nos compatriotes en nous revoyant. Il termina ainsi sa harangue : « Il vous suffira de dire : « J'étais à la bataille d'Austerlitz » pour qu'on s'écrie : « Voilà un brave! »

Ton frère,

Thomas BUGEAUD.

(*Le maréchal Bugeaud d'après sa correspondance intime*, par le comte Henri d'Ideville. — Firmin-Didot et Cie, éditeurs.)

XXXVIII

NAPOLÉON FAIT BRISER LA GLACE DES ÉTANGS D'AUSTERLITZ

Je ne puis laisser passer le nom d'Austerlitz sans rappeler un fait qui me fut personnel dans cette mémorable journée. Au moment où l'armée russe faisait péniblement sa retraite, et cependant en bon ordre, sur la glace du lac, l'empereur Napoléon vint au grand galop vers l'artillerie. « Vous perdez votre temps, s'écria-t-il, à foudroyer ces masses; il faut les engloutir! Tirez sur la glace. »

L'ordre donné resta sans exécution pendant dix minutes; en vain plusieurs officiers et moi-même, nous nous étions placés à mi-côte pour produire plus d'effet, leurs boulets et les miens roulaient sur la glace sans l'entamer. Voyant cela, je m'avisai d'un moyen très simple, ce fut de pointer en haut huit obusiers; la chute presque perpendiculaire de ces lourds projectiles produisit l'effet désiré. Mon moyen fut imité par les batteries voisines, et en moins de rien nous ensevelîmes quinze mille Russes et Autrichiens sous les eaux du lac.

(*Mémoires militaires du colonel* SÉRUZIER.)

XXXIX

PERTE D'UNE AIGLE DU 4e RÉGIMENT DE LIGNE A LA BATAILLE D'AUSTERLITZ

Le grand-duc Constantin, voulant tirer parti de l'isolement de mon bataillon, le fit charger par deux régiments de sa colonne. Cette première charge ne pénétra pas dans le carré, parce qu'elle fut reçue à bout portant par une décharge de mousqueterie, mais une seconde que fit un troisième régiment russe, pendant que les armes n'étaient plus chargées, traversa le carré en allant et en revenant et sabra plus de 200 hommes de ce régiment.

Ce fut dans cette mêlée qu'un officier russe s'empara de l'aigle de ce bataillon, dans les mains d'un sergent-major nommé Saint-Cyr, qui avait reçu douze blessures sur la tête et sur le bras avant qu'on parvînt à lui enlever cette aigle. Deux de ses camarades qui l'avaient portée avant lui furent tués, l'un par la mitraille des Russes et l'autre d'un coup de pistolet. Le chef de bataillon Guy et dix officiers furent également tués ou blessés dans cette action; moi-même, je reçus plus de vingt-cinq coups de sabre sur la tête, sur les bras et sur les épaules, sans en être marqué autrement que par des meurtrissures.

Le 24e régiment d'infanterie légère, qui commit la faute de déployer ses masses en face de cette nombreuse cavalerie fut également culbuté par elle. Par une méprise singulière, un des sous-officiers de mon premier bataillon ayant ramassé sur le champ de bataille une des aigles du 24e régiment d'infanterie légère, croyant que c'était celle de son bataillon, personne ne s'aperçut que la nôtre nous manquait.

Le soir de la bataille, je passai la nuit au village de Telnitz, ayant dans ma chambre le colonel russe Solimath qui était inconsolable de la perte de ses drapeaux. Je cherchai à la lui rendre moins pénible en lui rappelant que j'avais été témoin de tous les efforts qu'il avait faits pour les défendre, lorsqu'entra dans ma chambre l'adjudant sous-officier de mon premier bataillon, qui vint me prévenir que l'aigle qui se trouvait à l'un des faisceaux de ce bataillon appartenait au 24e régiment d'infanterie légère, et qu'un officier de ce régiment était venu la réclamer de la part de son colonel. Un coup de poignard au cœur ne m'eût certainement pas fait plus de mal que ne m'en fit cette terrible nouvelle. Je fus de suite au camp de mon régiment pour vérifier le fait, et là je vis de mes propres yeux qu'on venait de me dire la vérité.

Rentré à mon logement, je fis seller un de mes chevaux et, accompagné de l'adjudant-major de ce premier bataillon, je fus sur le plateau de Basowitz, où j'avais combattu le matin avec les Russes, chercher, mais vainement, cette aigle dont je regrette encore aujourd'hui la perte.

Le lendemain, 3 décembre, arriva au cantonnement de mon régiment un sergent du premier bataillon fait prisonnier la veille par la cavalerie de la garde impériale russe. Ce sous-officier fut mis en liberté par le grand-duc Constantin qui le chargea de me dire qu'il avait en son pouvoir mon aigle, et qu'il en ferait la flèche de son lit lorsqu'il serait de retour à Saint-Pétersbourg. Afin de bien convaincre ce sergent de la vérité du fait, il lui fit voir cette aigle et lui permit de l'embrasser en sa présence.

Ce sous-officier ne manqua pas de venir me rendre compte

de la mission dont il avait été chargé. Il m'assura si positivement que c'était bien l'aigle qu'il avait vue et embrassée, qu'il ne me fut plus permis de douter qu'elle avait été prise dans les mains du sergent-major Saint-Cyr, qu'on avait dit tué, mais qui fut transporté à Brunn et que je revis depuis.

Fig. 31. — Le premier bataillon du 4e régiment de ligne remet à l'Empereur, le 25 décembre 1805, deux étendards pris sur l'ennemi à la bataille d'Austerlitz. D'après Girardet. (Musée de Versailles.)

Deux années après cette bataille d'Austerlitz, le colonel Marie, aide de camp comme moi du roi de Naples, fut envoyé par l'empereur Napoléon en mission à Saint-Pétersbourg. Déjeunant chez le grand-duc Constantin qui l'accueillit avec distinction, ce prince lui fit voir l'aigle du premier bataillon du 4e régiment de ligne, qui servait effectivement de support aux rideaux de son lit.

Le 25 décembre, veille du jour de la signature de la paix,

l'empereur Napoléon, étant à son quartier général de Schœnbrunn, vint passer en revue la division de Vandamme sur un terrain peu éloigné du château.

Arrivé au 4e régiment de ligne, il m'ordonna de faire former le carré, et se mit au milieu avec tout son état-major, faisant face au centre du bataillon qui avait perdu son drapeau : « Soldats, dit-il à ceux de ce même bataillon, qu'avez-vous fait de l'aigle que je vous avais confiée? Vous aviez juré qu'elle vous servirait de point de ralliement et que vous la défendriez au péril de votre vie ; comment avez-vous tenu votre promesse? — Sire, lui répondis-je, le 4e régiment de ligne a fait son devoir à la bataille d'Austerlitz comme il l'a rempli à celle d'Arcole sous les yeux de Votre Majesté et dans toutes les autres circonstances où il s'est battu pour la patrie et pour la gloire. Un événement malheureux a privé son premier bataillon de l'aigle que vous lui aviez confiée : dans une mêlée contre trois régiments de cavalerie de la garde impériale russe et contre six bouches à feu qui le couvraient de mitraille, deux porte-drapeaux ont été tués, et c'est dans les mains du troisième, qui a reçu douze coups de sabre de l'ennemi, que cette aigle a été enlevée. Je puis vous jurer sur ma parole d'honneur, Sire, que qui que ce soit de ce bataillon ne s'est aperçu de la perte de cette aigle, et que le 2 décembre nous en avions encore deux à nos faisceaux..... Sire, lui dis-je encore, demandez aux généraux Vandamme et Candras si le 4e régiment de ligne ne s'est pas courageusement battu à Austerlitz? Que Votre Majesté daigne se rappeler qu'il a enlevé à la baïonnette une batterie ennemie sur le plateau de Pratzen, fait prisonnier un régiment russe avec son colonel, dont voici les deux drapeaux (un adjudant-major les avait à la main) que j'offre à Votre Majesté au nom du régiment de son frère (1). — En ce cas,

(1) Le 4e de ligne avait pour colonel Joseph Bonaparte.

dit l'Empereur en souriant, je vous donnerai une autre aigle. » Des cris de Vive l'Empereur! cent fois répétés par tout le régiment, terminèrent cette scène qui se passa telle que je viens de la décrire et non autrement.

(*Mémoires du général* BIGARRÉ. — Paris, Léon Chailley, éditeur.)

XL

PILLAGE CHEZ LES BAVAROIS, NOS ALLIÉS.

J'avais supporté allégrement toutes les fatigues de cette campagne d'Autriche, parce que le général Lariboisière savait les adoucir par toutes sortes de soins et de bontés, partageant avec nous sa table et son logement, couchant avec nous sur la paille et nous donnant l'exemple de toutes les vertus. Mais ce que je ne supportai pas, c'était l'insolence des troupes de la garde impériale; les soldats manquaient de respect aux officiers de la ligne, leur disputant les logements lorsqu'ils auraient dû bivouaquer; c'était aussi la friponnerie des généraux et des officiers d'état-major, à qui rien n'était sacré.

La Bavière, que nous venions délivrer des Autrichiens, fut pillée et souffrit plus que l'Autriche. Partout les malheureux paysans abandonnaient leurs habitations, les soldats pillaient, cassaient les meubles, les transportaient dans les camps, où l'on voyait des lits, des matelas, des fauteuils, des canapés, des glaces; ils brûlaient les maisons, portant partout le fer et le feu.

Le nombre des traînards était immense et les désordres qu'ils commettaient étaient capables de faire révolter le pays; je ne sais comment pouvaient vivre les corps d'armée qui traversaient une contrée où d'autres troupes avaient déjà passé; les premiers détruisaient tout, le vin ruisselait dans les caves, les farines étaient répandues dans les maisons, pas un officier n'y remédiait, c'était un désordre affreux. Un homme honnête et sensible n'est pas fait pour le métier des armes dans le siècle actuel.

PION DES LOCHES.

(*Mes campagnes.* — Firmin-Didot et Cie, éditeurs.)

XLI

LES FRANÇAIS EN ALLEMAGNE

Le séjour prolongé de l'armée en Allemagne eut pour le pays des inconvénients de plus d'un genre. A la fin de mars l'armée rentrait en France, lorsque l'attitude menaçante de la Prusse décida l'Empereur à la laisser en Allemagne. On vivait aux frais de ses hôtes et à peu près à discrétion. Il eut mieux valu donner aux soldats des rations, aux officiers des frais de table et acquitter exactement la solde; ce que l'on ne faisait point. Par ce moyen, on eût pu réunir les troupes dans un plus petit espace, ce qui valait mieux pour la discipline et pour l'instruction. Au lieu de cela, les soldats mangeaient chez leurs hôtes, et l'on peut comprendre avec quelles exigences, quand on connaît le caractère des Français, leur avidité, leur gourmandise, qui n'exclut pas la friandise, leur goût pour le vin, et le dédain qu'ils ont toujours témoigné aux étrangers. La dépense pour l'habillement n'était pas plus payée que la solde, afin que l'armée, en rentrant en France, trouvât des économies et des habillements neufs. En attendant, le soldat n'était pas vêtu et l'on répondait aux réclamations des chefs de corps qu'ils devaient y pourvoir le mieux possible. Voici ce que nous fîmes à cet égard. Dans les commencements, l'habitant donnait au soldat, par jour, une petite bouteille de vin du pays. Les capitaines en demandèrent la valeur en argent, à la condition de faire savoir aux habitants qu'ils n'étaient plus tenus de donner du vin. L'argent fut employé à acheter des pantalons, dont les soldats avaient grand besoin. Mais ils n'y perdirent rien. Quelques-uns, assez tapageurs, se faisaient craindre de leurs hôtes. D'autres en plus grand nombre, très bons enfants, travaillaient aux champs, faisaient la moisson, dansaient avec les filles, et le paysan, le soir, leur donnait à boire. Nous avions donc à la fois l'argent et le vin. Les officiers, trop éloignés des soldats, ne pouvaient pas réprimer les abus; d'ailleurs, la plupart d'entre eux donnaient l'exemple de l'exigence et de l'indiscrétion. Quand on voulait sortir, on demandait une voiture et des chevaux que l'on ne payait jamais. On recevait des visites, on donnait à dîner à ses amis, toujours aux frais du pays. Pendant la durée des cantonnements, j'ai été faire un voyage à Constance et un autre à Schaffouse, sans autre dépense que des pourboires aux postillons. Si chacun de nous faisait l'historique de tout ce qui est à sa connaissance dans ce genre, on pourrait en remplir des volumes. Un officier d'un grade élevé voulut aussi aller à Schaffouse; il lui fallait quatre chevaux, que l'on relayait de distance en distance. Dans un de ces relais, où on le fit attendre, il envoya par punition vingt-cinq hommes de plus loger au village.

Un autre voulut donner un grand dîner le jour de la fête de l'Empereur. Il fit demander dans toutes les maisons du vin de Champagne et du vin de liqueurs. Il invita ensuite les autorités de la ville, auxquelles il offrait leur vin. Il porta lui-même la santé de l'Empereur : *Puisse-t-il vivre longtemps*, dit-il, *pour la gloire de la France, le repos de l'Europe et la sûreté de nos alliés*. L'ironie paraîtra forte, mais il le disait bonnement, trouvant cela tout simple.

A part même des vexations pour la nourriture et pour le logement, les autorités locales étaient souvent traitées sans aucun égard. S'il survenait une discussion, le soldat avait toujours raison, l'habitant toujours tort. Un soldat de la 6me compagnie prétendit qu'on lui avait volé trente francs, et, sans examen, son capitaine exigea que cette somme lui fût rendue.

(*Souvenirs militaires du duc de* FEZENSAC. — Paris, Baudoin, éditeur.)

CAMPAGNE DE 1806

XLII

L'ARMÉE PRUSSIENNE EN 1806

A cette époque, les capitaines prussiens étaient propriétaires de leur compagnie ou escadron : hommes, chevaux, armes, habillements, tout leur appartenait. C'était une espèce de ferme qu'ils louaient au gouvernement moyennant un prix convenu. On conçoit que toutes les pertes étant à leur compte, les capitaines avaient un grand intérêt à ménager leur compagnie, tant dans les marches que sur les champs de bataille, et comme le nombre d'hommes qu'ils étaient tenus d'avoir était fixé, et qu'il n'existait pas de conscription, ils enrôlaient à prix d'argent d'abord les Prussiens qui se présentaient, ensuite tous les vagabonds de l'Europe que leurs enrôleurs embauchaient dans les États voisins. Mais cela ne suffisant pas, les recruteurs prussiens enlevaient de *vive force* un très grand nombre d'hommes, qui, devenus soldats malgré eux, étaient tenus de servir jusqu'à ce que l'âge les mît hors d'état de porter les armes; alors on leur délivrait un brevet de *mendiants*, car la Prusse n'était pas assez riche pour leur donner les Invalides ou la pension de retraite. Pendant la durée de leur service, ces soldats étaient encadrés entre de vrais Prussiens, dont le nombre devait être au moins de moitié de l'effectif de chaque compagnie, afin de prévenir les révoltes.

Pour maintenir une armée composée de parties aussi hétérogènes, il fallait une discipline *de fer;* aussi la plus légère faute était-elle punie par la bastonnade. De très nombreux sous-officiers, tous Prussiens, portaient constamment une canne dont ils se servaient très souvent, et, selon l'expression admise, on comptait une canne pour sept hommes. La désertion du soldat étranger était irrémissiblement punie de mort. Vous figurez-vous l'affreuse position de ces étrangers, qui, s'étant engagés dans un moment d'ivresse, ou ayant été enlevés de force, se voyaient, loin de leur patrie et sous un ciel glacial, condamnés à être soldats prussiens, c'est-à-dire esclaves, pendant toute leur vie!.... et quelle vie! A peine nourris, couchés sur la paille, n'ayant que des habits très légers, point de capotes, même dans les hivers les plus froids, et ne touchant qu'une solde insuffisante pour leurs besoins. Aussi n'attendaient-ils pas pour mendier qu'on leur en donnât l'autorisation en les renvoyant du service, car, lorsqu'ils n'étaient pas sous les yeux de leurs chefs, ils tendaient la main, et il m'est arrivé plusieurs fois, tant à Potsdam qu'à Berlin, de voir les grenadiers à la porte même du Roi me supplier de leur faire l'aumône!

Les officiers prussiens étaient généralement instruits et servaient fort bien; mais la moitié d'entre eux, nés hors du royaume, étaient de pauvres gentilshommes de presque toutes les contrées de l'Europe, qui, n'ayant pris du service que pour avoir de quoi vivre, manquaient de patriotisme et n'étaient nullement dévoués à la Prusse; aussi l'abandonnèrent-ils presque tous lorsqu'elle fut dans l'adversité. Enfin l'avancement n'ayant lieu que par ancienneté, la très grande majorité des officiers prussiens, vieux, cassés, se trouvaient hors d'état de supporter les fatigues de la guerre. C'était une armée ainsi composée et commandée qu'on allait opposer aux vainqueurs d'Italie, d'Égypte, de l'Allemagne et d'Austerlitz!... Il y avait folie! mais le Cabinet de Berlin, abusé par les victoires que le grand Frédéric avait obtenues avec des troupes mercenaires, espérait qu'il en serait encore de même; il oubliait que les temps étaient bien changés.

(*Mémoires du général de* MARBOT. — Paris, E. Plon et Nourrit, éditeurs.)

XLIII

LA MORT DU PRINCE LOUIS DE PRUSSE AU COMBAT DE SAALFELD.

Ce fut le 10 octobre, au passage de la Saale, devant la petite ville de Saalfeld, que le troisième corps d'armée, commandé par le maréchal Lannes, eut la première rencontre avec un corps d'infanterie prussien, commandé par le prince Louis de Prusse, neveu du roi. Cette infanterie, qui ne tenait pas devant nos troupes, se retirait en désordre au passage d'un gué sur la Saale, et le prince Louis, avec quelques hussards d'ordonnance, s'efforçait de rallier les fuyards, lorsqu'un maréchal des logis du 10e hussards français, qui s'appelait Gaindé, arriva sur lui la pointe au corps, lui criant :

— Rendez-vous, général, ou vous êtes mort!

Le général, qui n'était autre que le prince Louis, répondit :

— Moi, me rendre! jamais.

Et relevant l'arme de Gaindé, il lui porta un coup de sabre qui atteignit le maréchal des logis à la figure; il allait lui en donner un second, lorsque Gaindé, ripostant d'un coup de pointe, traversa la poitrine du prince et le jeta en bas de son cheval. Les ordonnances du prince, le voyant en combat singulier avec un soldat français, arrivèrent au galop, et ils se seraient infailliblement emparés de Gaindé, ou du moins ils l'auraient tué, si un hussard du 10e ne fût arrivé au galop en s'écriant : Tenez bon, maréchal des logis! — Puis, lâchant un coup de pistolet, il étendit mort un hussard prussien; ce que voyant, les ordonnances du prince disparurent,

La mort du prince Louis de Prusse, quand elle fut connue dans l'armée française, y donna lieu au couplet suivant, ce qui

Fig. 32. — Mort du prince Louis de Prusse au combat de Saalfeld (10 octobre 1806). Tableau de Desmoulins. (Musée de Versailles.)

prouve que le champ de bataille n'engendre pas la mélancolie :

C'est le prince Louis Ferdinand
Qui se croyait un géant,
Ah! l'imprudent!
Un houssard, bon là,
Lui dit : N'allez pas si vite,
Ou bien, sinon ça,
Je vous lance une mort subite
A la papa (*bis*).

Gaindé, blessé comme il l'était, ne pouvait pas seul avec ce hussard tenir le terrain; il se retira donc avec ce dernier sur le peloton du régiment qui soutenait les tirailleurs. Arrivé là, il dit à l'officier qui commandait :

— Lieutenant, si vous voulez pousser avec moi jusqu'à la rivière, à mille pas d'ici, nous y trouverons le corps d'un officier général que je viens de tuer; c'est celui-là même qui m'a blessé à la figure; nous lui prendrons son épée et son crachat, si toutefois l'ennemi ne l'a pas enlevé.

L'officier, suivi de sa troupe, partit au galop, guidé par le maréchal des logis, et arriva sur le terrain, où deux hussards du 9e régiment, qui étaient de brigade avec 10e, se trouvaient déjà auprès du mort.

— C'est moi qui l'ai tué, dit Gaindé; ma lame de sabre est encore teinte de son sang; il doit avoir un coup de pointe à travers la poitrine. Prenez sa bourse, s'il en a une, je vous la donne; mais remettez-moi son sabre et son crachat, que je les porte au maréchal.

Les hussards du 9e remirent à Gaindé ce qu'il demandait et quand il fut en possession de son trophée, il le porta au maréchal. Dans le même moment, des prisonniers prussiens arrivant au 3e corps, annonçaient que le prince Louis de Prusse, leur général en chef, venait d'être tué par un hussard français. Cette nouvelle était trop importante pour que le maréchal n'en fît pas part tout de suite à l'Empereur. Gaindé était à l'ambulance à faire panser sa blessure, c'est ce qui empêcha le maréchal de l'envoyer au quartier général. Il fit porter le sabre et le crachat par un de ses aides de camp, et demanda une récompense pour le maréchal des logis du 10e hussards. L'Empereur lui accorda la croix d'honneur en disant : Je l'eusse fait de plus officier, s'il m'eût amené le prince vivant.

(PARQUIN. *Souvenirs et campagnes.* — Un vol. in-8°, Paris, 1892, Berger-Levrault et Cie, éditeurs.)

XLIV

ALERTE DANS UN CORPS PRUSSIEN A IÉNA

(11 OCTOBRE 1806.)

Rien ne donne mieux l'idée de la démoralisation anticipée des troupes prussiennes que le récit de l'alerte qui avait eu lieu à Iéna dès le 11 au soir, alors que les avant-gardes françaises étaient loin encore. Écoutons un témoin oculaire :

« Le prince de Hohenlohe allait se mettre à table quand il s'éleva soudain un violent tumulte; on criait que l'ennemi n'était plus qu'à une petite lieue! Cela était impossible, car nous avions des troupes sur toutes les routes aboutissant à la ville, et l'on n'avait aucun rapport qui concordât avec un pareil bruit. Il circula néanmoins, comme une traînée de poudre, parmi les soldats qui stationnaient autour et à l'intérieur d'Iéna, et l'effet en fut tel, que le prince fut forcé d'aller lui-même mettre le holà. C'était un désordre immense, honteux... De tous côtés on criait que les Français arrivaient en force, qu'ils avaient déjà refoulé les avant-postes... et personne, bien entendu, ne pouvait dire dans quelle direction. Sur la route de Weimar se pressait une cohue de soldats de toutes armes, prétendant aller à la rencontre de l'ennemi auquel ils tournaient le dos! Enfin, la panique était telle qu'il fallut organiser des patrouilles d'officiers pour explorer les bois et les vignes; on prétendait que tous les alentours d'Iéna fourmillaient déjà de tirailleurs ennemis... Au bout d'une heure, on reconnut qu'il n'y avait nulle part de Français en vue, et que cette alerte provenait seulement de quelques fuyards de Schleitz et de Saalfeld. »

ERNOUF.

(*Les Français en Prusse.* — Paris, Perrin et Cie, éditeurs.)

XLV

SURPRISE DE LEIPSICK PAR 50 CAVALIERS FRANÇAIS

Le lendemain, 12 octobre, une reconnaissance de 200 chevaux des deux régiments fut poussée jusqu'à Pegau; elle était commandée par le chef d'escadron Mathis, du 7e, qui avait l'ordre de faire pousser une pointe sur Leipzick; 25 hommes par régiment furent choisis pour cette expédition. Je fus désigné pour commander ceux du 7e, le capitaine Piré, qui était aussi du 7e, pour commander le tout, et un officier du 5e pour commander les 25 hommes de son régiment. Ce détachement de 50 hommes, sous les ordres du capitaine Piré (aujourd'hui lieutenant-général), partit de Pegau à la nuit tombée et arriva à la porte de Leipsick à onze heures et demie du soir. Nous avions trouvé en chemin un soldat saxon, qui nous donna des renseignements dont nous profitâmes au mieux. Il nous apprit que la ville était entourée d'un mur, que les portes d'entrée étaient simples, qu'il y avait dans la place deux bataillons d'infanterie, forts ensemble de 1,200 hommes, et à peu près 400 hommes de cavalerie, qu'à la porte par laquelle nous nous proposions d'entrer, il y avait un poste de 25 hommes avec deux factionnaires, un en dehors et l'autre devant le corps de garde qui touchait à la porte, enfin qu'on était à la veille de la grande foire et que la ville était remplie d'étrangers de toute espèce.

Après une courte délibération entre les trois officiers du détachement, il fut convenu qu'on entrerait en ville, qu'on annoncerait l'arrivée de l'Empereur avec son armée, qu'on ferait le logement pour lui, sa suite et tous les quartiers généraux, en ajoutant que l'armée camperait en dehors de la ville et qu'on eût à préparer sur-le-champ 500,000 rations de pain, du fourrage, de l'avoine, etc... Persuadés que cette annonce, faite au milieu de la nuit, mettrait tout en désordre et que chacun chercherait son salut dans la fuite, nous nous mîmes de suite à même d'exécuter notre plan.

Arrivés à la porte, nous frappons; le factionnaire saxon crie : *Verda* (en français, qui vive?); un de nos hussards allemands répond dans sa langue : *Hussards saxons.* — « D'où « venez-vous? où allez-vous? » demanda le sous-officier du poste. Notre hussard lui réplique : « Nous venons de l'ar- « mée, et nous arrivons pour garder la ville pendant la foire, « parce qu'on dit que ces coquins de Français approchent. » Là-dessus, on ouvre la porte; au même moment, le factionnaire est saisi par le cou, vingt-cinq hussards sautent à terre avec la rapidité de l'éclair, entrent dans le corps de garde et font prisonniers tous ceux qui s'y trouvent (il est bon d'observer que le poste était commandé par un officier, mais que cet officier avait été coucher dans son lit). Il y avait sur la place d'armes un autre poste de vingt-cinq grenadiers, qu'il fallait aussi désarmer. Nous laissons à la porte d'entrée un brigadier et quatre hussards des plus déterminés, avec ordre de se faire tuer plutôt que de laisser l'ennemi reprendre le poste, et nous courons sur-le-champ au poste des grenadiers, qui sont désarmés sans coup férir. Le capitaine, escorté de quatre hussards, se rend de suite à l'hôtel de ville, y fait mander les magistrats et leur explique l'objet de sa mission. Moi, je prends le commandement du détachement, et je me tiens sur une place intermédiaire entre l'hôtel de ville et la porte par laquelle nous étions entrés. Le bruit s'était déjà répandu dans tous les quartiers de la ville que les Français étaient entrés dans Leipsick et que l'armée arrivait au moment même avec l'Empereur, etc. Aussitôt fantassins, cavaliers, marchands, négociants de prendre la fuite, et l'on voit se produire tout ce qu'entraîne la peur en pareil cas. C'était un brouhaha épouvantable, et cependant ni hommes ni femmes ne furent touchés par nos hussards, car notre détachement resta en bataille dans le plus grand ordre. J'envoyais continuellement une patrouille composée d'un sous-officier et de quatre hussards, pour observer ce qui se passait. Chaque fois qu'une de ces patrouilles rentrait, le sous-officier me disait en riant : « Ils se « sauvent tous! cavaliers, fantassins, voitures, tout est pêle- « mêle... »

Il était déjà quatre heures du matin, et mon capitaine, toujours avec les magistrats, ne faisait pas encore mine de revenir; de temps en temps cependant, il m'envoyait dire que les logements et les vivres allaient bon train, mais que je prête bien attention à l'arrivée de l'Empereur, pour le conduire à son logement. Enfin, il était cinq heures, et le jour commençait à poindre, que mon capitaine n'était pas encore de retour. Je lisais sur la figure de quelques bourgeois, qui nous examinaient, qu'ils n'étaient pas tout à fait dupes de notre ruse, et il ne me paraissait pas du tout prudent d'attendre le jour dans la ville. J'envoyai un sous-officier dire au capitaine que l'Empereur était arrivé et qu'il voulait lui parler sur-le-champ. Quoique sa mission ne fût pas terminée, il arriva à l'instant. Je lui fis remarquer quelques rassemblements commençant à se former; il me dit : « Partons! il en est temps. » Nous sortîmes de la ville au pas, mais dès que nous fûmes hors de vue, nous prîmes le trot, et à trois lieues de Leipsick nous fîmes une halte d'un quart d'heure. Enfin, à une demi-lieue de Pegau, où le détachement nous attendait, on put faire rafraîchir les hommes et les chevaux, qui n'avaient pas mangé depuis douze heures.

(*Le général* CURÉLY. — Un vol. in-12, Paris, 1887. Berger-Levrault et Cie, éditeurs.)

XLVI

BATAILLE D'IÉNA

(14 OCTOBRE 1806.)

L'Empereur coucha au bivouac au milieu de ses troupes et il fit souper avec lui tous les généraux qui étaient là. Avant de se coucher, il descendit à pied la montagne d'Iéna, pour s'assurer qu'aucune voiture de munitions n'était restée en bas; c'est là qu'il trouva toute l'artillerie du maréchal Lannes engagée dans une ravine que l'obscurité lui avait fait prendre pour un chemin et qui était tellement resserrée que les fusées des essieux portaient des deux côtés sur le rocher. Dans cette position, elle ne pouvait ni avancer ni reculer, parce qu'il y avait deux cents voitures à la suite l'une de l'autre dans ce défilé. Cette artillerie était celle qui devait servir la première; celle des autres corps était derrière elle.

L'Empereur entra dans une colère qui se fit remarquer par un silence froid. Il demanda beaucoup le général commandant l'artillerie de ce corps d'armée, qu'il fut fort étonné de ne pas trouver là; et, sans se répandre en reproches, il fit lui-même l'officier d'artillerie, réunit les canonniers et après leur avoir fait prendre les outils du parc et allumer des falots, il en tint un lui-même à la main, dont il éclaira les canonniers qui travaillaient sous sa direction à élargir la ravine jusqu'à ce que les fusées des essieux ne portassent plus sur le roc.

J'ai toujours présent devant les yeux ce qui se passait sur la figure de ces canonniers en voyant l'Empereur éclairer lui-même, un falot à la main, les coups redoublés dont ils frappaient le rocher. Tous étaient épuisés de fatigue et pas un ne proféra une plainte, sentant bien l'importance du service qu'ils

Fig. 33. — Bataille d'Iéna (14 octobre 1806). D'après la gravure de Duplessis-Bertaux.

rendaient et ne se gênant pas pour témoigner leur surprise de ce qu'il fallait que ce fût l'Empereur lui-même qui donnât cet exemple à ses officiers. L'Empereur ne se retira que lorsque la première voiture fut passée, ce qui n'eut lieu que fort avant dans la nuit. Il revint ensuite à son bivouac, d'où il envoya encore quelques ordres avant de prendre du repos.

C'était la nuit du 13 au 14 octobre; nous eûmes une gelée blanche, accompagnée d'un brouillard semblable à celui que nous avions eu à Austerlitz; mais il nous fut plus favorable, en ce que toute notre armée était sur un petit plateau extrêmement resserré, ce qui avait obligé de former les troupes en grosses masses qui se touchaient presque, afin d'être plus facilement déployées le lendemain matin; ce petit plateau n'était pas à plus de deux cent cinquante toises de la position qu'occupait la gauche des Prussiens. Sans ce brouillard, nos feux leur auraient servi de direction et leur artillerie n'eût pas manqué de nous faire beaucoup de mal, en ce que tous les coups auraient porté. La fortune nous servit à merveille, car le brouillard dura jusqu'au lendemain à huit heures du matin.

Nous prîmes les armes à la pointe du jour; la brume était si épaisse que nous ne pûmes pas nous diriger sur la ligne ennemie. Il y avait devant nous un large terrain par lequel nous pouvions arriver droit à la ligne prussienne, flanquée à sa gauche par un bois. En se dirigeant sans guide à travers le brouillard, le 17ᵉ régiment léger, qui était en tête de notre colonne, appuya trop sur la droite et arriva au bois, où le combat s'engagea immédiatement. Cet incident fit croire aux Prussiens que nous attaquions par leur gauche et ils dirigèrent tout leur feu sur ce bois. Cela nous fut favorable, parce que nous appuyâmes de notre côté à notre gauche et nous fûmes bientôt replacés dans le large terrain dont j'ai parlé. Nous le traversâmes au pas accéléré, pendant que les Prussiens continuaient leur feu sur le bois, et nous les surprîmes ainsi brusquement. La ligne prussienne, se voyant attaquée et entendant un grand mouvement en avant d'elle, commença à manœuvrer pour prendre une position plus rapprochée de la masse de ses troupes. Il était neuf heures du matin; à peine avions-nous tiré quelques coups de canon, et hormis le 17ᵉ régiment d'infanterie légère, qui avait attaqué le bois, aucun n'avait encore été engagé. Le soleil avait tout à fait éclairci l'atmosphère; nous étions en présence des Prussiens; la canonnade commença au centre : elle était plus vive de la part des ennemis que de la nôtre.

Le maréchal Ney, qui était placé à la droite du maréchal Lannes, attaqua l'extrême gauche des Prussiens. Il enleva un village auquel elle était appuyée, en fut repoussé, le reprit de nouveau et en fut encore chassé. Heureusement une des divisions du maréchal Soult arriva en ce moment par notre extrême droite; on la fit marcher en toute hâte à son secours. L'attaque recommença; elle fut heureuse et le maréchal réussit enfin à s'établir sur les décombres qui lui avaient été si vivement disputés. Ce mouvement d'occupation du point où était appuyée l'extrême gauche des Prussiens fut secondé d'une attaque vigoureuse exécutée sur leur centre par le maréchal Lannes, qui cherchait à les joindre à la mousqueterie. La hardiesse de sa marche fit faire à l'armée prussienne un changement de front sur son aile droite, l'aile gauche en arrière; cela nous obligea à faire le mouvement opposé, c'est-à-dire à changer de front sur notre aile gauche, l'aile droite en avant. Le combat s'engagea de nouveau sur tout le front, lorsqu'un heureux incident vint décider de la victoire. L'Empereur avait laissé à Mayence le maréchal Augereau pour qu'il se formât un corps avec les régiments qui, après la paix d'Austerlitz, avaient été renvoyés en France et qui avaient reçu ordre de se rendre à Mayence. Ce maréchal avait mis tant de diligence dans sa marche, qu'il arriva à Iéna même comme nous engagions le combat. Il ne s'y arrêta pas et il arriva sur le champ de bataille au moment où l'on attaquait la ligne prussienne dans la seconde position dont je viens de parler. On dirigea la colonne du maréchal Augereau à travers un jeune bois de sapins qui était à notre gauche, de manière qu'il déboucha derrière la droite de l'armée prussienne. Le 14e régiment de ligne avait la tête de la colonne; il attaqua de suite à la mousqueterie, sans donner le temps aux Prussiens de venir le reconnaître. Il fut vivement soutenu et détermina un mouvement rétrograde à la droite des Prussiens qui donna du flottement à toute leur ligne.

L'Empereur avait avec lui très peu de cavalerie. Celle qu'il avait envoyé chercher vers Naumbourg n'était pas arrivée, de sorte que sur le champ de bataille nous n'avions qu'une brigade de cavalerie légère, commandée par le général Durosnel, une autre, commandée par le général Auguste de Colbert; plus le 1er, le 9e et le 11e régiment de hussards.

On les réunit tous au centre et au moment où on remarqua le mouvement d'oscillation dans la ligne prussienne, on les fit charger à outrance sous les ordres de Durosnel. La charge réussit, le désordre et la déroute commencèrent chez les Prussiens. Ils essayèrent de nous opposer leur cavalerie; elle contint bien un instant la nôtre, qui était plus faible, mais cela ne rallia pas leur armée, qui était à la débandade. La tête de la cavalerie du grand duc de Berg arriva sur le terrain en ce moment, et, réunie avec celle dont je viens de parler, elle prit la route de Weimar, par laquelle se retiraient les fuyards.

(*Mémoires de* SAVARY, *duc de Rovigo*.)

XLVII

BATAILLE D'AUERSTAEDT

Cette bataille mémorable eut lieu le 14 octobre 1806. L'armée prussienne, conduite par son roi, était en marche pour s'emparer des défilés des Salines, entre Auschtett et Naumbourg. L'armée française s'était avancée de Naumbourg à deux heures du matin, afin de se trouver de l'autre côté des défilés avant que l'ennemi pût s'en rendre maître : dès six heures nous découvrîmes les troupes prussiennes en bataille entre Auschtett et les Salines. Je commandais l'artillerie de la division Morand; cette division était la première du 3me corps, sous les ordres du maréchal Davout.

Je formais alors la tête de la colonne de notre division, qui était encore à une distance assez grande derrière moi.

L'ennemi m'attaqua impétueusement dès qu'il m'aperçut; il débuta par une charge de cavalerie. Je reçus les Prussiens avec sang-froid et mon feu de mitraille leur culbuta d'abord beaucoup de monde; cependant ils se disposèrent aussitôt à me charger une seconde fois. Il est bon de faire observer que je n'avais pour soutenir mon artillerie qu'une seule compagnie de grenadiers du 51e de ligne; et notre division, qui avait fait halte, était encore loin de nous et se formait en carré. Je me hâtai de répartir mes grenadiers dans les intervalles de mes canons, recommandant à mes artilleurs d'avoir toujours la mitraille prête et de tirer sans se presser et sans crainte jusqu'à nouvel ordre. Ces dispositions arrêtées, nous attendîmes les cavaliers prussiens : ils chargèrent trois fois sans pouvoir atteindre jusqu'à nous, et dans ces trois tentatives infructueuses ils essuyèrent une perte considérable. Mais, pendant ces différentes charges, les hussards rouges de la garde du roi de Prusse m'avaient tourné et s'étaient jetés entre notre division et mes batteries. Je vis toute l'étendue du danger, et je frémis à l'idée de perdre mes pièces. Je me souvins alors des manœuvres d'infanterie que j'avais vu exécuter dans la campagne d'Égypte et je m'avisai de faire de même avec mes canons; sur le champ je me forme en carré, mes grenadiers dans les intervalles (ce mouvement dut paraître fort bizarre à la cavalerie ennemie). Cette cavalerie, placée comme elle venait de s'établir, doutait si peu d'enlever mon artillerie qu'elle me chargea de toutes parts en s'abandonnant. Ce fut alors que je reconnus la bonté de la manœuvre que le hasard m'avait rappelée : non seulement toute cette cavalerie ne m'enleva point, mais elle perdit moitié de ses hommes, et mit deux fois plus de temps à dégager ses seconds rangs du milieu des chevaux renversés qu'elle n'en avait mis à venir à ma portée.

J'en étais là, quand notre division, formée en carrés d'infanterie marchant au pas de charge, parvint à notre hauteur. Aussitôt, me voyant soutenu, et ne craignant plus d'être tourné, je déploie mon carré d'artillerie sur une ligne et je me porte en avant vers l'ennemi plus hardiment que jamais.

Arrivés en avant d'Auerstaedt, une fusillade et une canonnade fort chaudes s'engagea de part et d'autre; cependant elle ne décidait rien. Nous nous battions avec acharnement; mais il était impossible que l'ennemi n'eût pas le dessus par la supériorité de son artillerie. Je n'avais ce jour-là que dix-huit bouches à feu ; l'ennemi m'en opposait quatre-vingts, servies par les artilleurs à cheval de la garde du roi de Prusse :

ainsi mes ailes se trouvaient débordées par les ailes de l'artillerie ennemie, dont la ligne avait quatre fois plus d'étendue que la mienne, et me faisait un mal horrible par son feu croisé.

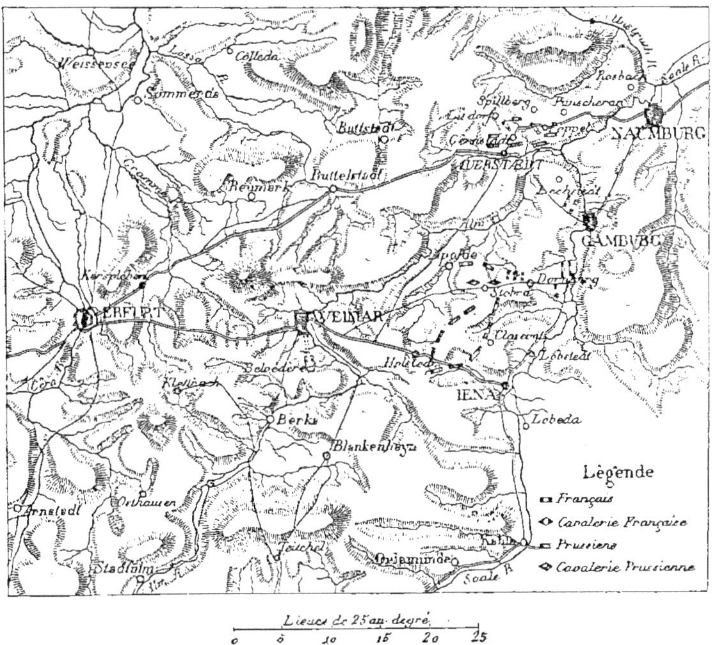

Fig. 34. — Carte générale des affaires d'Iéna et d'Auerstaedt.

Dans cet état, voyant tomber mes canonniers à chaque minute, moi-même blessé à la main droite, je ne perdis point ma présence d'esprit : il me semblait qu'après m'être tiré de la position critique où j'étais une heure auparavant, je ne devais pas succomber; en effet, j'ai remarqué plusieurs fois qu'un premier succès était presque toujours le présage d'un second. Je combinai donc un mouvement d'une audace extraordinaire, mais qui pouvait seul changer notre position désespérée. J'eus soin d'en prévenir le maréchal Davout, qui était au milieu du 30e régiment de ligne. L'officier que je lui envoyai l'instruisit du mouvement que j'allais opérer, ajoutant, comme je lui en avais donné l'ordre, que si le maréchal voulait me soutenir par ses deux carrés de droite, j'allais décider l'affaire en notre faveur. L'autorisation obtenue, je fais tirer à volonté mes pièces *paires* et je me porte par un mouvement rapide, avec mes pièces *impaires* jusque sur le flanc gauche de l'ennemi. Cette manœuvre téméraire, qui me plaçait presque sur les batteries prussiennes à leur gauche, ne fut point aperçue, à cause de ma promptitude et de la fumée qui s'élevait des pièces qui continuaient leur feu; alors, me trouvant en mesure, je dirige ma mitraille et mes obus sur les pièces ennemies : tous leurs canonniers sont tués, avec la presque totalité de leurs soldats du train. Enfin, cette aile fut si maltraitée que nous leur prîmes trente canons démontés par ma décharge. Quoique je vinsse de recevoir dans cette belle manœuvre un coup de mitraille qui faisait encore boulet, et qui m'avait emporté une partie du flanc gauche, je fis de suite bander ma plaie avec ma cravate et je remontai à cheval; mais, pour rassurer mes soldats, consternés de me voir si grièvement blessé, je leur fis à haute voix une plaisanterie grivoise sur l'artillerie : ils se mirent tous à rire. J'ordonnai à mes trompettes de sonner la charge et nous nous portâmes vivement en avant : mais l'ennemi ne tenait plus devant nous; il était tellement en déroute, qu'une demi-heure après, ses quatre-vingts bouches à feu étaient à moi. La division ramassa un nombre considérable de prisonniers. De ce moment la bataille fut complètement gagnée.

Cette bataille valut au maréchal Davout le titre de duc d'Auerstaedt. A cette affaire j'eus deux chevaux tués sous moi; je ne quittai point mes batteries pendant toute l'action bien que j'eusse été dangereusement blessé dès le milieu du jour. Le rapport de ma conduite parvint à l'Empereur et l'ordre du jour de l'armée porta que, *par une manœuvre hardie, j'avais décidé le succès de la bataille.* Enfin, je fus fait chef d'escadron sur le champ d'honneur témoin de notre gloire.

(*Mémoires militaires du colonel* SÉRUZIER.)

XLVIII

LETTRE DU GÉNÉRAL DAVOUT A SA FEMME SUR LA BATAILLE D'AUERSTAEDT

Naumbourg, ce 16 octobre.

Ma bien bonne petite Aimée, depuis neuf jours il m'a été impossible de t'écrire, faute de communications. Crois que, sachant apprécier les inquiétudes que mon silence t'aura données, j'ai été moi-même très tourmenté. J'espère qu'à l'avenir je serai plus heureux; peut-être que, malgré mon silence, tu auras eu connaissance auparavant cette lettre des rapports sur les opérations de l'armée qui auront dissipé tes inquiétudes sur ton Louis, en même temps que tu auras éprouvé une grande joie de voir qu'une belle occasion s'était offerte de chercher à mériter les marques d'estime et de bienveillance de mon souverain.

Le 14, le roi de Prusse, le duc de Brunswick, les maréchaux Mœllendorf, Kalkreuth, enfin tout ce qu'il restait à l'armée prussienne des anciens compagnons de gloire du grand Frédéric, avec 80,000 hommes, l'élite de l'armée prussienne a marché sur moi qui leur ai évité une partie du chemin. Aussi, dès les sept heures du matin, la bataille a commencé. elle a été très disputée et très longue et sanglante; mais enfin, malgré l'extrême inégalité des forces (le corps d'armée n'était fort que de 25,000 hommes), à quatre heures du soir la bataille était gagnée, presque toute l'artillerie de l'ennemi en notre pouvoir, beaucoup de généraux ennemis tués, parmi lesquels se trouve le duc de Brunswick. Ce succès inespéré

Fig. 35. — Davout, duc d'Auerstaedt, prince d'Eckmühl.
D'après le tableau de Gautherot.

est dû au bonheur qui accompagne les armes de notre souverain et au courage de ses soldats; la terreur est dans l'armée prussienne; aussi cette guerre peut-elle être regardée comme finie. Pour mettre le comble à ta satisfaction, je t'envoie copie de la lettre que m'a écrite l'Empereur et l'annonce que je n'ai pas été blessé dans cette glorieuse et sanglante journée. Toi, ma petite Aimée, dont l'existence est employée à ajouter à la considération de ton mari, qui as vécu de privations pour payer mes dettes et empêcher par là qu'on ne puisse croire que mes affaires étaient dérangées, tu ressentiras, j'en suis certain, une vive joie d'apprendre que j'ai eu le bonheur de remplir les intentions de l'Empereur et d'acquérir quelques titres à son estime et à sa bienveillance.

Tous les généraux, officiers et soldats se sont couverts de gloire : Friant, Desessart, Alexandre, Beaupré, tous se sont fort bien comportés et ont échappé aux dangers. Beaupré a eu deux chevaux tués sous lui. J'ai à regretter le général de Billy; le colonel Bourke a été blessé à la main, mais ce ne sera rien.

J'ai reçu tes lettres des 28 septembre et 1er octobre; les petites gentillesses de notre Joséphine m'ont vivement ému; assure-la qu'elle ne s'occupe pas d'un mauvais père. Je lui envoie mille caresses.

Cette campagne sera encore plus courte que l'autre et les dangers sont passés. Ainsi, plus d'inquiétude, ma petite Aimée, tu verras plus tôt que nous ne pouvions l'espérer ton mari, empressé à te donner des preuves de son vif attachement et à ne rien négliger pour faire le bonheur de la femme la plus estimable, la plus sensible et la plus belle et aimable.

L. DAVOUT.

Lettre de l'Empereur au maréchal Davout.

Mon cousin, je vous fais compliment de tout mon cœur sur votre belle conduite. Je regrette les braves que vous avez perdus, mais ils sont morts au champ d'honneur.

Témoignez toute ma satisfaction à tout votre corps d'armée et à vos généraux. Ils ont acquis pour jamais des droits à mon estime et à ma reconnaissance. Donnez-moi de vos nouvelles et faites reposer quelques moments votre corps d'armée à Naumbourg. Sur ce, je prie Dieu qu'il vous ait en sa sainte et digne garde.

Signé : Napoléon.

(*Le maréchal Davout*, par Mme de Blocqueville, t. II. Paris, Perrin et Cie, éditeurs.)

XLIX

LETTRE DU GÉNÉRAL DE GROUCHY A SA FEMME SUR LES AFFAIRES DE ZEHDENICK, DE PRENTZLOW ET DE LUBECK

(OCTOBRE-NOVEMBRE, 1806.)

Toujours occupé à poursuivre l'ennemi ou à le combattre, il ne m'a pas été possible de te donner de mes nouvelles depuis bien du temps. Je profite de l'instant de répit que me laisse le gain de la bataille d'avant-hier pour causer un moment et te dire combien je suis heureux du rôle brillant que joue ma division, de ses succès, et surtout que ma santé, quelque mauvaise qu'elle soit, m'ait permis de demeurer à la tête des troupes que je commande.

Depuis mon affaire de Zehdenick, où j'ai pris ou détruit les deux régiments de dragons de la Reine et des hussards de Schimmelpfennig, j'ai eu un autre combat le lendemain, dans lequel ma division, a fait mettre bas les armes au corps des gendarmes de la garde, en totalité. Le jour d'ensuite a eu lieu l'affaire de Prentzlow, où, à la tête d'une des brigades de ma division, j'ai chargé l'ennemi, l'ai culbuté dans le faubourg, m'en suis emparé, et l'ai tellement épouvanté par l'impétuosité de mes mouvements et la hardiesse de mon attaque, que M. le prince de Hohenlohe a capitulé avec son corps d'armée fort de quinze à vingt mille hommes et s'est rendu. Je ne crains pas de dire qu'il est sans exemple qu'un corps de dragons réduise et prenne toute une armée.

Fig. 36. — Les Prussiens capitulent à Prentzlow (28 octobre 1806). Aquarelle de Siméon Fort. (*Galeries historiques de Versailles.*)

Cette journée m'a valu l'ordre du jour que tu as sans doute vu dans les journaux; l'éloge que fait l'Empereur m'a fait bien plaisir, et surtout qu'il ait su que j'étais entré le premier à la tête de mes dragons dans Prentzlow.

Après ce combat et la prise du corps d'armée du prince de Hohenlohe, nous nous sommes mis à la poursuite des corps du duc de Saxe-Weimar et du général Blücher, que pourchassaient également les maréchaux Soult et Bernadotte. Chemin faisant, nous nous sommes emparés de Stettin, qui s'est rendu sans tirer un coup de canon. Enfin, après avoir parcouru tout le duché de Mecklembourg et fait mettre bas les armes, à Anclam, à un corps de cinq ou six mille hommes, nous avons opéré, à peu de distance de Lubeck, notre jonction avec les corps de Soult et de Bernadotte. Blücher avec trente mille hommes s'était retiré sous cette ville, nous l'y avons attaqué le 6, et après un combat des plus opiniâtres et des plus sanglants, nous l'avons chassé de Lubeck; j'ai débouché avec mes dragons, à travers cette ville, et ai poursuivi l'ennemi, fait mettre bas les armes à quatre escadrons et à un corps d'infanterie, et, chassant les Prussiens sur Travemunde, j'ai fait sommer le général Blücher de se rendre. Il a mis bas les armes avec toute son armée forte encore de plus de vingt-cinq mille hommes, soixante-dix escadrons de troupes à cheval. Dans la bataille nous lui avons pris sept ou huit mille hommes, dont deux mille Suédois, de sorte que cette armée, qu'on pouvait évaluer dans le principe à quarante-cinq mille hommes, est en totalité prise ou détruite; en y joignant le corps de M. de Hohenlohe, le corps pris à Anclam, les petits corps qui ont mis bas les armes depuis que nous avons dépassé Berlin, voilà plus de soixante-dix mille hommes que nous prenons. On croira difficilement de tels événements, et cependant ils sont de toute vérité. Partage toute ma satisfaction de la part que j'ai eue; elle me dédommage de ce que ma division n'a pu être à Iéna.

Mais en revanche te dire ce que je souffre est impossible; j'ai d'abord eu un rhumatisme dans la tête qui m'a fait souffrir à croire que je deviendrais fou. Je me suis fait appliquer des ventouses qui m'ont à peine soulagé; la fièvre s'est emparée de moi, je l'ai coupée à force quinquina. L'Empereur, qui a su que j'étais malade, m'avait fait donner un congé d'un mois, à la suite de l'armée, pour me rétablir. J'ai eu assez de force sur moi-même pour n'en point profiter, et bien m'en a pris, puisque je ne me fusse point trouvé à toutes les affaires qui ont eu lieu. Mais de tels efforts sur moi-même m'ont mis dans un cruel état. Comme il n'y a plus d'ennemis de ces côtés et que, hommes et chevaux, nous sommes épuisés de fatigue, j'imagine que nous allons avoir quelques jours de repos à Gustrow, où je me rends en ce moment. Puissent-ils me remettre tout à fait!

(*Mémoires du maréchal de* GROUCHY. — Paris, Dentu, éditeur.)

L

POURSUITE DES PRUSSIENS APRÈS IÉNA

Le lendemain et pendant plusieurs jours de suite, nous poursuivîmes l'ennemi qui était coupé de toutes parts sans pouvoir se rallier. Nous arrivâmes sur l'Elbe; pendant la nuit, le pont, qui avait été coupé, fut rétabli, et le matin nous passâmes le fleuve et nous nous dirigeâmes à marche forcée sur Potsdam, où nous autres, grenadiers d'avant-garde, occupâmes de suite le palais; mais à la nuit, l'Empereur Napoléon arriva avec sa garde qui nous remplaça, et nous allâmes loger chez les bourgeois de la ville. L'Empereur, en visitant le palais, trouva le bâton royal du grand Frédéric; il dit qu'il ne le donnerait pas pour dix millions. Nous étions depuis trois heures à peine chez les bourgeois, qu'on battit la générale et qu'on nous donna l'ordre de rejoindre notre division qui marchait sur Spandau; nous l'y trouvâmes alors, elle venait de faire capituler la ville. Nous nous dirigeâmes ensuite à marche forcée sur Prentzlow, où nous trouvâmes toute la garde royale prussienne, que nous forçâmes de se rendre prisonnière; c'était le 28 octobre. Elle comprenait, outre le grand état-major, environ 16.000 hommes, tant infanterie que cavalerie et artillerie, plus de soixante voitures de maître. *Le lendemain, nous avions tant de chevaux en notre pouvoir que nous en donnions deux pour cinq francs.* Les généraux Lannes et Murat riaient de voir leur infanterie monter à cheval. Nous reçûmes l'ordre de marcher sur Stettin. Le maréchal Lannes ordonna à l'infanterie de quitter ses chevaux, parce que nous allions avoir une petite affaire. Tandis que nous montions à la ville, les Prussiens envoyèrent dire par des parlementaires qu'ils se rendaient. Ils nous abandonnèrent la ville et la citadelle, plus de 8.000 prisonniers. Nous restâmes deux jours dans cette ville pendant lequel temps le maréchal Lannes nous passa en revue et nous dit : « Français, nous avons fait dans sept jours ce que nos ancêtres n'ont pu faire dans sept ans. Nous avons mis hors de combat près de 400.000 hommes; il n'y en a pas dix qui ont repassé l'Oder. Les Russes arrivent à leur secours, nous allons leur épargner la peine de venir ici, nous irons au devant d'eux. »

(*Campagnes du chevalier* BOURDON.)

LI

LA COLONNE DE ROSBACH.

Nous partîmes de Naumbourg le lendemain pour venir à Mersebourg et Halle; c'est dans cette marche que nous traversâmes le champ de bataille de Rosbach. L'Empereur avait tellement dans la tête les dispositions de l'armée de Frédéric et celles de la nôtre, qu'arrivé dans Rosbach même, il me dit :

Fig. 37. — La colonne de Rosbach renversée par l'armée française (18 octobre 1806). Peint par Wafflard. (*Galeries historiques de Versailles.*)

« Galopez dans cette direction (il me l'indiquait) ; vous devez trouver à une demi-lieue d'ici la colonne que les Prussiens ont élevée en mémoire de cet événement. »

Si la moisson n'eût pas été faite, je ne l'aurais pas trouvée, car cette colonne, placée au milieu d'une plaine immense, n'était pas beaucoup plus haute qu'une double borne semblable à celles qu'on met le long des quais et des ports pour fixer les bateaux.

Lorsque je l'eus trouvée, je mis mon mouchoir en l'air pour servir de direction à l'Empereur, qui s'était écarté de son chemin pour parcourir le champ de bataille et vint effectivement la voir. Toutes les inscriptions étaient en partie effacées; on avait de la peine à les lire.

L'Empereur, voyant dans le lointain passer la division du général Suchet, lui envoya dire de faire enlever cette colonne, parce qu'il voulait la faire transporter à Paris. Le général Suchet y employa sa compagnie de sapeurs, qui, en un instant, mit la colonne sur trois ou quatre voitures.

(*Mémoires de* SAVARY, *duc de Rovigo.*)

LII

CAPITULATION DE STETTIN

Le général Lasalle se porta avec sa brigade, suivie d'un caisson de cartouches, sur les hauteurs près de Stettin; les canons de la place nous envoyèrent plusieurs décharges et forcèrent la brigade à se retirer derrière un rideau de hauteurs pour être à l'abri des boulets. On fit circuler le caisson sur la crête de ces hauteurs, pour faire croire à l'ennemi que nous avions de l'artillerie avec nous; le caisson reçut aussi quelques volées de coups de canon. La nuit approchait, le général envoya dans Stettin deux officiers en parlementaires, pour sommer le gouverneur prussien de livrer la place aux Français, et il se retira avec ses deux régiments à une lieue en arrière pour y passer la nuit. Vers les deux heures du matin, le 30 octobre, les parlementaires envoyèrent signer la capitulation de la place au général Lasalle. La garnison, forte de 6.000 hommes, devait déposer les armes sur le glacis, à 8 heures du matin. Le général fit aussitôt prévenir le grand-duc de Berg de cette capitulation, en le priant d'envoyer de suite de l'infanterie et de la cavalerie qui puissent arriver devant Stettin au plus tard à 8 heures, pour être là quand le défilé commencerait; il se rendit ensuite avec sa brigade à la porte de la ville, où il s'établit dès le point du jour. A 7 heures, les portes nous furent livrées et occupées par les deux compagnies d'élite des régiments de hussards. Il était 8 heures, et la garnison prussienne était prête à défiler, que nous n'avions encore ni un canon, ni un homme d'infanterie. A 8 heures et demie, un régiment arriva avec deux canons et tandis qu'il se formait en bataille, on fit défiler la garnison, qui déposa les armes sur les glacis devant ce régiment et les deux régiments de hussards. A peine la moitié de la garnison avait-elle ainsi mis bas les armes que les Prussiens s'aperçurent du petit nombre des Français. Une partie de ceux qui étaient sortis de la place reprirent leurs armes, mais la capitulation portait que les fusils auraient leurs fausses pierres en bois au lieu de pierres à feu, et le général prussien avait fait scrupuleusement exécuter cet article. On ne donna pas à ses soldats le temps de se mettre à même de faire feu; ils furent immédiatement chargés par les deux régiments de hussards, qui les dispersèrent dans la plaine. On pressa la sortie du reste de la garnison de manière que, vers 11 heures, la ville fut complètement nettoyée de troupes prussiennes.

6,000 hommes furent faits prisonniers ou dispersés; la place avait cent pièces de canon en batterie; la porte de l'Oder et le passage de cette rivière étaient entièrement libres. En supposant donc qu'il y eût aux remparts une brèche praticable pour y faire entrer une armée, dans ce cas, la garnison aurait pu encore passer sur la rive droite de l'Oder et battre en retraite sur Colberg, sur Dantzick, etc... Telles étaient l'ineptie et la frayeur d'une partie des généraux prussiens à cette époque.

(*Le général* CURÉLY. — 1 vol. in-12, Paris, 1887, Berger-Levrault et Cie, éditeurs.)

LIII

ENTRÉE DES FRANÇAIS A BERLIN

(*Récit d'un Allemand, témoin oculaire.*)

« Depuis qu'il n'y avait plus à douter de notre malheur, les paysans fugitifs ne cessaient d'affluer en ville, tandis que les gens riches émigraient avec tout ce qu'ils pouvaient emporter. C'était pitié de voir tous les chevaux de Berlin employés à charrier de vieux meubles, de vieilles femmes peureuses qui auraient pu rester chez elles sans courir aucune espèce de danger, tandis qu'une bonne partie du matériel de l'arsenal demeurait à la merci du vainqueur. On oublia aussi les trophées de la guerre de Sept-Ans, — l'épée même de Frédéric!... Dans les cartons d'un ministère dont le chef avait été des premiers à fuir, les Français trouvèrent la collection complète des meilleures cartes du royaume, les plans de toutes les forteresses. Au milieu de ce sauve-qui-peut général, on n'avait aucun souci de ce qui n'était qu'à l'État.

« Le 23 octobre au soir, tout ce tumulte d'immigration et d'émigration finit brusquement; ont eût dit un de ces calmes sinistres, précurseurs des grandes tempêtes.

« Le lendemain, jour tristement mémorable dans les annales de notre ville, je venais d'entrer le matin dans une taverne de la Friederichsstrasse, tout près de la promenade des Tilleuls. Tout à coup on entendit du bruit; un individu effaré entra brusquement en criant : « Ils sont arrivés! — Où donc? — A la porte de Brandebourg. » Je fis comme tout le monde, j'y courus.

« A l'aspect d'uniformes verts, on avait crié d'abord : « Ce sont des Russes! » les prenant pour l'avant-garde de quelque corps allié, débarqué à Stettin. Mais c'étaient bien des Français, de l'artillerie légère et de la cavalerie, qui se dirigeaient par la promenade vers l'Hôtel-de-Ville, à travers un concours immense de peuple. En retournant chez moi, je rencontrai le 9e hussards qui arrivait de son côté, musique en tête, par la porte de Potsdam. Dans l'après-midi, il entra encore trois régiments de chasseurs; et en même temps le corps de Davout arrivait en masse à la porte de Halle, et y faisait ses dispositions pour camper en plein air. La curiosité, plus forte que la crainte, porta la foule de ce côté, et il n'en résulta aucun inconvénient, sinon quelques baisers pour les jolies curieuses. En voyant de plus près ces terribles vainqueurs, on respira plus librement. Les poltrons, suivant l'usage, étaient les premiers à railler la frayeur passée...

« La situation, pourtant, n'avait rien de folâtre, même en n'envisageant que le côté matériel des choses. Le numéraire était d'une rareté extrême, les marchés singulièrement dégarnis, grâce à la panique des gens de la campagne. Nous étions sûrs d'avoir une rude charge de logements militaires... Mais le mal présent, nettement défini, est un moindre tourment que l'incertitude.

« Le général Hullin, nommé commandant de la place, entra en fonctions le même jour. Par son équité et sa bienveillance, il s'est concilié l'estime générale.

« Le 25 octobre, le maréchal Davout entra dans Berlin à la tête de son corps d'armée. Les magistrats et une députation de la bourgeoisie l'attendaient à la porte de Potsdam et lui firent une harangue, à laquelle il répondit avec courtoisie, les exhortant à se conduire convenablement avec

Fig. 38. — Entrée des Français à Berlin (28 octobre 1806). D'après un croquis lavé de Debret.

les Français, sans manquer à leurs devoirs de sujets prussiens. Il donna l'excellent conseil de former une véritable garde, composée exclusivement de nobles et de propriétaires, pour concourir au maintien de l'ordre. Elle remplaça la prétendue milice bourgeoise qui existait alors, et dans laquelle figuraient quantité d'hommes de la lie du peuple, que les gens aisés payaient pour faire le service à leur place. La plupart de ces suppléants venaient en habits de travail;

aussi l'aspect général de la troupe n'était rien moins qu'imposant (1).

« Pendant trois jours consécutifs, les troupes françaises défilèrent dans Berlin. L'entrée de Napoléon, plusieurs fois annoncée, eut enfin lieu le 27 octobre, à quatre heures de l'après midi. Un sentiment indéfinissable, mélange de douleur, d'admiration, de curiosité, agitait la foule qui se pressait sur son passage.

« Je le vis de tout près, ce successeur de notre grand Frédéric... Il me parut avoir pris quelqu'embonpoint depuis ses derniers portraits... Le teint est olivâtre, l'ensemble des traits harmonieux, saisissant. Il faut être doué d'une rare énergie, pour ne pas courber la tête sous ce regard !... Sa physionomie, sérieuse jusqu'à l'austérité, s'illumine parfois d'un sourire étrange, je dirais volontiers fulgurant, car la sensation qu'il produit est analogue à celle de l'éclair. Je ne le vis sourire ainsi qu'une fois, quand ses yeux s'arrêtèrent sur un groupe de Berlinois qui, « dans l'intérêt de la ville », mêlaient leurs acclamations à celles des soldats français...

« Il fut reçu à la porte de Brandebourg par les quelques fonctionnaires qui n'avaient pas quitté leur poste, les autorités de la ville, des députés de la haute bourgeoisie, etc. Il les retrouva sur son passage en entrant au Château. Pour tout compliment, il leur adressa un léger salut, et gagna aussitôt son appartement. Il leur avait parlé quelques jours auparavant, quand ils étaient venus le trouver à Sans-Souci. Il paraissait fort au courant, — trop au courant, — des manifestations qui avaient eu lieu lors de la rupture.

(1) L'organisation de cette première milice bourgeoise avait donné lieu à des plaisanteries plus ou moins spirituelles, qui furent réunies dans un petit poëme satirique intitulé la *Berlinade*. On y voit figurer notamment un charretier promu au grade d'officier. Entraîné par la force de l'habitude, il crie *hue!* à ses hommes pour les mettre en mouvement.

« Il s'était trouvé des gens pour applaudir à l'entrée du vainqueur; il s'en trouva aussi le soir pour illuminer! Ces illuminations, trop brillantes aux abords du Château, étaient du moins assez rares dans les autres quartiers. Une grande partie de la garde impériale passa la nuit en plein air dans le *Lustgarden*, où les feux des bivacs produisaient un effet singulièrement pittoresque...

« Le lendemain on présenta au *noble étranger* les principaux membres des tribunaux, ceux du consistoire. Il s'entretint quelque temps avec des magistrats, principalement avec l'un des plus capables, M. de Kircheisen. Il lui demanda quelques renseignements sur la législation prussienne. Apprenant qu'il y avait chez nous trois degrés de juridictions, il dit que cela était trop *canonique*, devait occasionner bien des lenteurs. Il s'informa aussi de notre législation hypothécaire, demanda comment les biens dotaux des femmes étaient garantis, comment s'exerçait le droit de grâce, etc. Il causa aussi quelques heures avec les ministres du culte, et leur promit sa protection. Les circonstances l'ont empêché de tenir complètement parole, car plusieurs temples ont été convertis en casernes et même en écuries. »

ERNOUF.

(*Les Français en Prusse*, Paris, Perrin et Cie, éditeurs.)

LIV

CONQUÊTE DU ROYAUME DE NAPLES

A M. de Sainte-Croix à Paris.

Mileto, le 12 septembre 1806.

Si l'histoire de la grande Grèce durant ces trois derniers mois a pour vous quelque intérêt, je vous envoie mon journal, c'est-à-dire un petit cahier où j'ai noté en courant les horreurs et les bouffonneries les plus remarquables dont j'ai été le témoin. Il est difficile d'en voir plus en si peu de temps et d'espace.

Si les traits ainsi raccourcis de ces exécrables farces ne vous inspirent que du dégoût, je n'en serai pas surpris. Cela peut piquer un instant la curiosité de ceux qui connaissent les acteurs; les autres n'y voient que la honte de l'espèce humaine. C'est là néanmoins l'histoire, dépouillée de ses ornements. Voilà les canevas qu'ont brodés les Hérodote et les Thucydide. Pour moi, m'est avis que cet enchaînement de sottises et d'atrocités qu'on appelle histoire ne mérite guère l'attention d'un homme sensé. Plutarque, avec

L'air d'homme sage,
Et cette large barbe au milieu du visage,

me fait pitié de nous venir prôner tous ces donneurs de batailles, dont le mérite est d'avoir joint leurs noms aux événements qu'amenait le cours des choses.

Depuis notre jonction avec Masséna, nous marchons plus fièrement, et sommes un peu moins à plaindre. Nous retournons sur nos pas, formant l'avant-garde de cette petite armée, et faisant aux insurgés la plus vilaine des guerres. Nous en tuons peu, nous en prenons encore moins. La nature du pays, la connaissance et l'habitude qu'ils en ont, font que, même étant surpris, ils nous échappent aisément; non pas nous à eux. Ceux que nous attrapons, nous les pendons aux arbres; quand ils nous prennent, ils nous brûlent le plus doucement qu'ils peuvent. Moi qui vous parle, monsieur, je suis tombé entre leurs mains : pour m'en tirer, il a fallu plusieurs miracles. J'assistai à une délibération où il s'agissait de savoir si je serais pendu, brûlé ou fusillé. Je fus admis à opiner. C'est un récit dont je pourrai vous divertir quelque jour. Je l'ai souvent échappé belle dans le cours de cette campagne; car, outre les hasards communs, j'ai fait deux fois le voyage de Reggio à Tarente, allée et retour, c'est-à-dire, plus de quatre cents lieues à travers les insurgés, seul ou peu accompagné, tantôt à pied, tantôt à cheval, quelquefois à quatre pattes, quelquefois glissant sur mon derrière ou culbutant du haut des montagnes. C'est dans une de ces courses que je fus pris par nos bons amis. Il n'y a ni bois ni coupe-gorge dans toute la Calabre où je n'aie fait de ces promenades; et pourquoi? Ah! c'est cela qui vous ferait pitié. Une fois, de sept hommes que j'avais pour escorte, trois furent tués avec quatre chevaux par les montagnards. Nous avons perdu et perdons de cette manière, une infinité d'officiers et de petits détachements. Une autre fois, pour éviter pareille rencontre, je montai sur une petite barque; et ayant forcé le patron à partir malgré le mauvais temps, je fus emporté en pleine mer. Nos manœuvres furent belles. Nous fîmes des oraisons : nous promîmes des messes à la Vierge et à saint Janvier, tant qu'enfin me voilà encore.

Depuis, sur une autre barque, je passai près d'une frégate anglaise qui m'ayant tiré quelques coups, tous mes rameurs se jetèrent à l'eau et se sauvèrent à terre. Je restai seul comme Ulysse; comparaison d'autant plus juste que ceci m'arriva dans le détroit de Charybde, à la vue d'une petite ville qui s'appelle encore Scylla, et où je ne sais quel dieu me fit aborder paisiblement. J'avais coupé avec mon sabre le cordage qui tenait ma petite voile latine, sans quoi j'eusse été submergé.

J'avais sauvé, du pillage de mes pauvres nippes, ce que j'appelais mon bréviaire. C'était une *Iliade* de l'Imprimerie royale, un tout petit volume que vous aurez pu voir dans les mains de l'abbé Barthélemy : cet exemplaire me venait de lui, et je sais qu'il avait coutume de le porter dans ses promenades. Pour moi, je le portais partout; mais l'autre jour, je ne sais pourquoi, je le confiai à un soldat qui me conduisait un cheval en main. Ce soldat fut tué et dépouillé. Que vous dirai-je monsieur? J'ai perdu huit chevaux, mes habits, mon linge, mon manteau, mes pistolets, mon argent. Je ne regrette que mon Homère; et pour le ravoir, je donnerais la seule chemise qui me reste. C'était ma société, mon unique entretien dans les haltes et les veillées. Mes camarades en rient. Je voudrais bien qu'ils eussent perdu leur dernier jeu de cartes, pour voir la mine qu'ils feraient.

Paul-Louis COURIER.

A M***

Officier d'artillerie, à Naples.

Mileto, le 16 octobre 1806.

Après avoir saccagé sans savoir pourquoi la jolie ville de

Corigliano, nous venions (non pas moi, j'étais avec Verdier; mais j'arrivai trois jours après); nos gens montaient vers Cassano, le long d'un petit fleuve ou torrent qu'on appelle encore le *Sibari*, qui ne traverse plus Sibaris, mais des bosquets d'orangers. Le bataillon suisse marchait en tête, fort délabré comme tout le reste, commandé par Muller, car Clavel a été tué à Sainte-Euphémie. Les habitants de Cassano, voyant cette troupe rouge, nous prennent pour des Anglais : cela est arrivé souvent. Ils sortent, viennent à nous, nous embrassent, nous félicitent d'avoir bien frotté ces coquins de Français, ces voleurs, ces excommuniés. On nous parla, ma foi, sans flatterie cette fois-là. Ils nous racontaient nos sottises, et nous disaient de nous pis encore que nous ne méritions. Chacun maudissait les soldats de *maestro Peppé*, chacun se vantait d'en avoir tué. Avec leur pantomime, joignant le geste au mot : *J'en ai poignardé six; j'en ai fusillé dix*. Un disait avoir tué Verdier; un autre m'avait tué, moi. Ceci est vraiment curieux. Portier, lieutenant du train (je ne sais si tu le connais) voit dans les mains de l'un d'eux ses propres pistolets, qu'il m'avait prêtés, et qu'on me prit quand je fus dépouillé. Il saute dessus : *A qui sont ces pistolets?* L'autre (tu sais leur style) : *Monsieur, ils sont à vous*. Il ne croyait pas dire si vrai. *Mais de qui les avez-vous eus? — D'un officier français que j'ai tué.* Alors, moi et Verdier, on nous crut bien morts tous deux; et quand nous arrivâmes, trois jours après, on était déjà en train de ne plus penser à nous.

Tu vois comme ils se recommandaient et arrangeaient leur affaire. On reçut ainsi toutes leurs confidences, et ils ne nous reconnurent que quand on fit feu sur eux, à bout touchant. On en tua beaucoup. On en prit cinquante-deux, et le soir on les fusilla sur la place de Cassano. Mais un trait à noter de la rage de parti, c'est qu'ils furent expédiés par leurs compatriotes, par les Calabrais nos amis, les bons Calabrais de Joseph, qui demandèrent comme une faveur d'être employés à cette boucherie. Ils n'eurent pas de peine à l'obtenir; car nous étions las du massacre de Corigliano. Voilà les fêtes de Sibaris. Tu peux garantir à tout venant l'exactitude de ce récit. Le miracle fameux fut que peu de jours après, dans un village voisin, on égorgea de nos gens cinquante-deux, ni plus ni moins, qui pillaient sans penser à mal.

La scène de Marcellinara est du même genre. Nous fûmes pris pour des Anglais, et, comme tels, reçus dans la ville. Arrivés sur la place, la foule nous entourait. Un homme chez lequel avait logé Reynier le reconnaît, et veut s'enfuir. Reynier fait signe qu'on l'arrête; on le tue. La troupe tire tout à la fois; en deux minutes, la place fut couverte de morts. Nous trouvâmes là six canonniers du régiment, dans un cachot, demi-morts de faim, entièrement nus. On les gardait pour un petit *auto-da-fé* qui devait avoir lieu le lendemain.

PAUL-LOUIS COURIER.

(*Œuvres choisies*, Paris, Firmin-Didot et Cie, éditeurs).

CAMPAGNE DE POLOGNE (1806-1807)

LV

SOUFFRANCES DE L'ARMÉE EN POLOGNE

Le besoin de subsistances se fit bientôt sentir; on trouvait de quoi se chauffer et nourrir les chevaux, mais aucun chariot

Fig. 39. — Après vous, Sire! D'après Charlet.

de vivres n'était encore entré même à Varsovie, et d'ailleurs il n'aurait pu arriver où était l'armée; il n'y avait donc que la gaîté du caractère du soldat qui pouvait lui donner la force de supporter toutes ces privations et toutes ces fatigues. L'Empereur se montrait beaucoup au milieu d'eux dans ces moments de souffrance; il était toujours à cheval et ne s'épargnait ni à la boue, ni à la fatigue, ni aux dangers : aussi les soldats l'accueillaient-ils toujours avec plaisir. Il causait avec eux; souvent ils lui disaient les choses les plus singulières; un jour qu'il faisait un temps affreux, l'un d'eux lui dit : « Il faut que vous ayez un fameux coup dans la tête pour nous mener sans pain par des chemins comme ça. » L'Empereur répondit : « Encore quatre jours de patience et je ne vous demande plus rien; alors vous serez cantonnés. » Et les soldats de répondre : « Allons, quatre jours encore; eh bien! ce n'est pas trop, mais souvenez-vous-en, parce que nous nous cantonnerons tout seuls après. » Il aimait les soldats qui prenaient la liberté de lui parler et riait toujours avec eux; il était persuadé que ceux-là étaient les plus braves.

(*Mémoires de* SAVARY, *duc de Rovigo.*)

LVI

PANIQUE DE LA BRIGADE LASALLE AU COMBAT DE GOLYMIN

(26 DÉCEMBRE 1806.)

Vers deux heures après midi, on ordonna l'attaque; notre ligne de cavalerie avait sa droite appuyée au bois; la brigade Lasalle formait l'extrême gauche et devait charger sur l'artillerie russe. A peine cette brigade eut-elle fait vingt pas en avant pour charger qu'on entendit crier : *Halte! halte!* et ce cri fut répété sur toute la ligne.

L'ennemi ne tira pas un coup de canon, et cependant les deux régiments firent demi-tour et battirent en retraite; ils ne purent être ralliés qu'au bout d'un demi-quart d'heure. Chose absolument inconcevable! il n'y avait ni un cavalier ni un fantassin devant notre brigade; il y avait à la vérité 8 ou 10 canons, mais qui n'auraient peut-être pas eu le temps de tirer si la charge avait été rapide, qui dans tous les cas auraient été certainement pris après la première salve. La cavalerie qui était à notre droite ne fut pas arrêtée dans son mouvement; elle culbuta l'ennemi, qui de son côté chargeait sur elle, et lui prit quantité d'hommes et de chevaux ainsi que deux étendards.

Il est prouvé, et ce que je viens de raconter le démontre surabondamment, que lorsqu'une ligne de cavalerie a entamé la charge, il ne faut jamais l'arrêter dans son mouvement, bien au contraire! En général, on doit charger le plus à fond possible, pour renverser la ligne ennemie, la rompre et la rejeter sur la seconde ligne et ainsi de suite, afin de mettre chez son adversaire le plus de désordre que l'on peut.

Aussitôt que la brigade fut ralliée, le général Lasalle fit chercher la compagnie d'élite du 7e de hussards, qui était restée seule et sans courir le moindre danger sur le terrain ainsi abandonné en désordre. Puis le général mena ses deux régiments sous le canon ennemi, et ils y restèrent jusqu'à minuit sans bouger.

Pour donner une idée de la perte que fit cette brigade par le feu du canon en punition de son mouvement rétrograde, il me suffira de dire que le général, qui se tenait en tête, eut deux chevaux tués sous lui. Des hommes et des chevaux tombaient à tout moment; personne ne bougea, et l'on n'entendit pas même un murmure.

(*Le général* CURÉLY. — Un vol. in-12, Paris, 1887, Berger-Levrault et Cie, éditeurs.)

LVII

COMBAT CONTRE LES DRAGONS RUSSES

Le maréchal Soult plaça la brigade en avant du parc d'artillerie du 4e corps. Le régiment était en bataille, ayant à sa droite un bataillon carré du 27e régiment d'infanterie, et en seconde ligne le 7e régiment de chasseurs à cheval. Toute la matinée nous eûmes à essuyer le feu de l'artillerie ennemie, mais ce feu était si mal dirigé que peu de boulets arrivèrent jusqu'à nous. C'était sur la droite et sur le centre que l'action s'engageait le plus vivement. Le temps n'était pas très froid : mais ce qui était très pénible, c'était une neige épaisse poussée avec violence par un vent du nord sur nos visages, de manière à nous aveugler. Les forêts de sapins qui abondent dans ce pays, et qui bordaient le champ de bataille, le rendaient encore plus triste. Ajoutez à cela un ciel brumeux, dont les nuages, paraissant ne pas s'élever au-dessus des arbres, jetaient sur toute cette scène une teinte lugubre et nous rappelaient involontairement que nous étions à trois cents lieues du beau ciel de France. On conviendra que les circonstances étaient loin d'être couleur de rose, quoiqu'elles n'allassent pas jusqu'à abattre le courage du soldat français, ni même son vieux levain de gaieté.

Vers les deux heures de l'après-midi, une énorme masse de cavalerie s'ébranla et s'avança sur nous au pas, la neige et le terrain marécageux ne permettant pas une autre allure. L'ennemi faisait retentir l'air de ses hourras! Quelques chasseurs répondirent par le cri : « Au rat! » faisant un jeu de mots sur la prononciation du mot hourra (au rat). L'allusion fut saisie et passa en un instant de la droite à la gauche du régiment.

Le colonel Castex demanda si les carabines étaient chargées. Sur la réponse affirmative, il commanda :

Haut la carabine!

Nous portions toujours, en campagne, nos carabines au crochet. Puis il donna l'ordre aux officiers d'entrer dans le rang; ce qu'il fit lui-même. Cette énorme masse de dragons s'avançait toujours sur nous au pas, et le colonel restait impassible. Mais lorsque les Russes ne furent plus qu'à six pas, le colonel commanda vivement :

Feu!

Ce commandement fut exécuté par le corps comme s'il eût été à l'exercice.

Aussi l'effet de cette décharge fut-il terrible : presque tout le premier rang des dragons russes fut mis hors de combat.

Il y eut une hésitation d'une seconde chez l'ennemi; mais bientôt les morts et les blessés furent remplacés par le second rang, et la mêlée devint générale. Sans la présence d'esprit du capitaine Kermann, le régiment se trouvait compromis; car une nuée de Cosaques vint pour nous assaillir par notre gauche, afin de mettre le régiment entre deux feux. Le capitaine Kermann, commandant à propos : « Escadron, à gauche! » mit obstacle au projet de l'ennemi. Enfin, cette masse de dragons russes, qui certes était le double du régiment, ne put nous entamer, et fit demi-tour, non sans nous avoir fait essuyer de grandes pertes. Plus de cent hommes du 20e chasseurs furent tués ou blessés. L'ennemi perdit au moins trois cents hommes; car le bataillon carré du 27e régiment, par un feu bien dirigé sur les Russes, leur fit énormément de mal lorsqu'ils effectuèrent leur retraite.

L'Empereur était placé sur un point culminant, d'où il dominait la bataille; son œil d'aigle n'en perdait aucune des phases. Il s'était aperçu de la position critique du parc d'artillerie du 4e corps, et il vit avec satisfaction la cavalerie russe sabrée, culbutée et mise en déroute complète. Il envoya immédiatement un de ses aides de camp complimenter le 20e chasseurs, et ce général fut accueilli par les cris de : « Vive l'Empereur ! » que firent entendre les chasseurs, en brandissant leurs sabres encore teints du sang ennemi.

PARQUIN.

(*Souvenirs et Campagnes.* — Un vol. in-8°, Paris, 1892, Berger-Levrault et Cie, éditeurs.)

LVIII

BATAILLE D'EYLAU

Cette bataille fut une des plus sanglantes de toutes celles des guerres de l'Empire. Elle eut lieu le 8 février 1807 par un froid des plus rigoureux : elle avait été précédée de combats très meurtriers, particulièrement ceux des 4, 5, 6 et 7 février. On pourra juger du désordre général d'après l'exposé suivant.

Je commandais alors l'artillerie de la division Saint-Hilaire (première division du 4e corps sous les ordres du maréchal Soult). L'armée française n'était pas en mesure; la bataille ne devait avoir lieu que le 9. Les 1er, 3e et 6e corps ne purent prendre part à l'action que fort tard; tous les officiers d'ordonnance chargés de porter les ordres à ces trois corps avaient été malheureusement faits prisonniers, et nul accord ne pouvait en conséquence exister entre leurs mouvements.

A six heures du matin, l'ennemi nous attaqua par une canonnade très vive et très étendue. La division dont je commandais l'artillerie était à droite, un peu en avant d'Eylau. Dans cette position nous échangeâmes nos boulets avec l'ennemi pendant environ trois heures; l'incertitude des mouvements de nos corps d'armée, qui n'étaient point instruits de leur situation respective, m'empêchait de rien entreprendre, ne sachant pas si je pourrais être soutenu. Cependant

Fig. 10. — Eylau : attaque du cimetière (7 février 1807). Aquarelle de Siméon Fort. (*Galeries historiques de Versailles.*)

j'avais envoyé trois maréchaux des logis au grand parc, afin d'y chercher des munitions, dont je commençais à manquer : ils m'avaient rapporté à leur retour la nouvelle de la situation pénible de l'armée, situation que je viens de décrire; mais ils m'apprirent aussi que les maréchaux Ney et Davout, dirigés par le bruit de ma canonnade, s'étaient mis en marche de mon côté avec leurs forces; que le maréchal Ney (6e corps) ne pouvait déboucher que vers six heures du soir sur notre droite; que le maréchal Davout (3e corps) pouvait tout au plus nous joindre à midi; enfin que le maréchal Bernadotte (1er corps) avait été prévenu et invité a se mettre en marche, afin d'arriver au moins le lendemain à notre hauteur.

Dès que ces documents précieux me furent parvenus, j'allai de suite les communiquer au général Saint-Hilaire, commandant la division, et je l'invitai (attendu leur importance) à les faire savoir à l'Empereur, qui était près de là avec une partie de sa garde.

Le général Saint-Hilaire, se rendit vers Napoléon; en partant il me donna la permission que je lui demandais, de me porter en avant et beaucoup plus à droite de la position que j'occupais; il me dit même fort obligeamment : « Tu sais bien, mon ami, que dans un cas urgent, je te permets de faire ce que tu voudras. »

Fier d'une confiance semblable de la part de ce brave général, je me promis bien de la mériter. La position que j'ambitionnais était un très beau plateau, flanqué de chaque côté par deux petits bois. Je l'avais reconnu la veille et j'y pensais continuellement, ayant dans l'idée, d'après mes observations, que ce point devait assurer le gain de la journée à celle des deux armées qui le tiendrait occupé. L'ennemi y avait déjà des forces, et je voyais avec peine qu'il allait s'y établir.

Sans perdre de temps, je pris les compagnies de voltigeurs

que le général Saint-Hilaire avait mises à ma disposition sur ma demande, et je leur enjoignis de s'embusquer dans les deux petits bois et de soutenir, par leur fusillade sur les flancs, mon attaque de front.

Je marchai : les voltigeurs firent des prodiges. L'ennemi fit aussi des efforts réitérés pour conserver sa position : en vain employa-t-il artillerie, infanterie et cavalerie contre nous; pris par le feu croisé des voltigeurs placés dans les deux petits bois et écrasé de front par ma mitraille, il fut contraint de céder après un carnage épouvantable. J'étais maître du plateau, mais je n'étais pas quitte des attaques de l'ennemi.

Les Russes et les Prussiens reconnurent bientôt la grandeur de leur perte et réunirent toutes leurs forces pour me chasser de ce lieu : ils prirent enfin le parti de me tourner et de m'attaquer de toutes parts. Je résistai à cette charge comme aux précédentes, conservant toujours ma position. Cependant je m'affaiblissais; j'avais compté sur l'arrivée du 3e corps pour midi, or, il était une heure et je ne voyais rien arriver.

Heureusement l'Empereur, qui tenait sa lunette sur le point où j'étais, devina le dernier mouvement de l'ennemi lorsqu'il voulut me tourner; aussitôt il donna l'ordre à deux compagnies d'artillerie à cheval, avec un bataillon de sa garde, de monter rapidement au plateau, et de se mettre, pour la journée entière, aux ordres de celui qui s'y défendait; puis se tournant vers le général de notre division qui était près de lui : « Général Saint-Hilaire, quel est le brave qui a si vivement enlevé et qui garde si bien cette position ? » Le général répondit : « Sire, c'est mon commandant d'artillerie. — Ah ! Ah ! reprit l'Empereur, c'est mon *vieux* Séruzier (1), je n'en

(1) J'étais de la même année que l'empereur Napoléon, mais j'avais quelques mois de plus, comme il en avait fait la remarque un jour; depuis ce temps il m'appelait quelquefois *mon vieux* ou le *père aux boulets*.

suis plus étonné, Saint-Hilaire, vous lui direz que je suis content de lui et qu'il se ménage. »

On vit alors le 3e corps paraître. Son chef, le maréchal Davout, fit partir un aide-de-camp, afin de venir reconnaître le plateau que je gardais, et s'informer si j'avais besoin de secours; je dis à cet officier que je ne craignais plus rien pour mon artillerie, mais que, les ordres de l'Empereur étant de ne pas abandonner notre favorable position, il pouvait prévenir le maréchal, de venir au plus tôt l'occuper pour toute la journée. « Je venais, continuai-je, d'envoyer mon adjudant à son Excellence; elle doit avoir reçu maintenant l'avis que je suis chargé de vous donner. » A peine l'aide-de-camp eut-il repris le galop pour rejoindre le 3e corps, que le maréchal Davout arriva sur ma position. Je fus surpris de sa prompte apparition, car je n'avais pas encore revu mon adjudant, et je ne devais plus le revoir. Il avait été tué en revenant m'annoncer le maréchal.

Lorsque je vis la position si bien soutenue, je me rappelai que la division Saint-Hilaire, dont je faisais partie, était sans canons depuis neuf heures du matin, et je pensai qu'il était de mon devoir de la mettre en état d'agir sur l'ennemi, ce qu'elle ne pouvait tenter efficacement sans artillerie. Je quittai donc mon plateau, devenu le poste marquant de l'armée, non sans un vif regret. Mes artilleurs ne se souciaient pas non plus de l'abandonner; je les y déterminai en leur répétant que nous avions assez fait en tenant la bataille en suspens par notre manœuvre. « Suivez-moi maintenant, leur dis-je, sur le point où je vous conduis pour la décider! » Nous descendîmes par la gauche pour rejoindre notre division; aussitôt nous nous précipitâmes ensemble, avec fureur, sur l'ennemi. On vit bien que la division Saint-Hilaire attendait impatiemment notre retour; car dès que nous parûmes l'infanterie et la cavalerie tombèrent sur les alliés à la baïonnette et le sabre dans le flanc. Quant à moi je faisais, en suivant ce mouvement, des décharges de mitraille à demi-portée. La mêlée était si sanglante que j'en ai peu vu de pareilles, et aucune aussi longue. Nous combattîmes ainsi, renouvelant nos charges à tout moment, jusqu'à six heures du soir, et cependant sans presque gagner de terrain. Que serions-nous devenus alors sans mon plateau!

Enfin, à six heures précises, le maréchal Ney parut, en bon ordre, à la tête du 6ᵉ corps, comme il l'avait promis; il tomba sur les Prussiens et les Russes, qui pour le coup nous cédèrent le champ de bataille.

Eylau, avec une innombrable quantité de blessés tomba en notre pouvoir. Nous ramassâmes l'artillerie ennemie, éparse çà et là sur le terrain qu'elle avait occupé. Dans cette mémorable journée je ne reçus que de légères blessures, mais j'eus trois chevaux tués sous moi.

Le lendemain, 9 février, l'Empereur, parcourant le champ de bataille, me vit occupé à faire transporter l'artillerie que les Russes avaient perdue. Il s'approcha et me dit : « J'ai reconnu les emplacements que tu occupais au nombre des Russes que tu y as laissés! — Êtes-vous content de mon artillerie, Sire, — Oui, certes! répondit Napoléon. — Alors, repris-je, voilà les noms des braves que je commande; ils méritent votre bienveillance. » Et je lui remis deux états que j'avais tout prêts, mais que je n'espérais pas pouvoir lui remettre à lui-même. L'un de ces états était pour l'avancement, l'autre pour les décorations. L'Empereur les reçut : « Et pour toi? » dit-il encore. Je répondis : « Si vous trouvez que j'ai fait mon devoir et bien rempli vos intentions, je suis content et surtout si j'obtiens pour mes soldats les récompenses dont j'ai l'honneur de vous soumettre la demande. »

L'Empereur s'éloigna en souriant d'un air satisfait; je

continuai à faire enlever du champ de bataille le matériel des Russes; mais le lendemain j'eus un moment que je regarde comme un des plus beaux jours de ma vie; je fus chargé de faire cent-six avancements et de distribuer quatre-vingt-seize décorations. L'Empereur m'avait tout accordé.

(*Mémoires militaires du baron* SÉRUZIER.)

LIX

CHARGE DE CAVALERIE PENDANT LA BATAILLE D'EYLAU

C'était un bruit généralement répandu au quartier général du prince de Neuchâtel, que l'armée russe qui, le 1er février 1807, à la reprise des hostilités fuyait devant nous, avait tout à coup changé d'attitude et fait face en arrière pour présenter la bataille.

Le général en chef Benningsen avait pris cette résolution énergique si subitement après la lecture de dépêches trouvées sur un aide de camp du prince de Neuchâtel. Cet aide de camp, envoyé en ordonnance au général Bernadotte, était tombé au pouvoir des Russes, et les dépêches dont il était porteur avaient fait connaître que l'Empereur n'avait pas toute son armée sous la main. Le général Benningsen pouvait donc entrer en ligne de bataille avec quelque chance de succès, puisqu'il avait là toute son armée réunie.

La bataille, depuis la pointe du jour, était engagée sur toute la ligne, et le maréchal Augereau avait fait des prodiges de valeur avec son corps d'armée, qui, de 20.000 hommes qu'il était, se trouvait réduit, le soir, à 3.000, et avait néanmoins conservé la belle position enlevée la veille de la bataille.

A trois heures précises, il était visible que l'ennemi voulait séparer notre ligne de bataille en deux, et à cet effet, une colonne de 15.000 grenadiers russes, la baïonnette croisée, sans brûler une amorce, s'avançait sur le centre de notre armée, au pas de charge, malgré le feu terrible de quarante pièces d'artillerie de la garde en position sur le plateau d'Eylau. Cette colonne s'avançait toujours à la même allure. L'Empereur, entouré de son état-major, disait au prince de Neuchâtel, sans cesser de braquer sa lunette sur cette forêt de baïonnettes.

— Quelle audace! quelle audace!

Fig. 41. — Benningsen.

— Oui, répondit le prince Berthier; mais Votre Majesté ne s'aperçoit pas qu'avec cette audace-là, elle est à cent pas des balles.

— Murat, s'écria l'Empereur, prenez tout ce que vous avez sous la main de cavalerie (il y en avait à peu près soixante-dix escadrons, dont vingt de la garde impériale, sous les ordres du maréchal Bessières, qui chargea à leur tête) et écrasez-moi cette colonne.

L'ordre fut exécuté à l'instant, et toute cette masse d'infanterie fut couchée à terre comme un champ de blé qui vient d'être dévasté par un ouragan terrible.

Le général d'Hautpoul, commandant les cuirassiers, fut tué; le lieutenant-général Dahlmann, commandant les chasseurs de la garde, eut le même sort. On crut un instant que le lieutenant-général Lepic, commandant les grenadiers à cheval de la garde, avait été tué ou pris, car il ne parut à la tête des grenadiers que lorsque son régiment était déjà rallié et l'appel fait; son ardeur l'avait entraîné, suivi de quelques-uns des siens, jusqu'à la troisième ligne russe. Un officier ennemi qui parlait parfaitement le français, s'avança avec un escadron de cavalerie, et ayant en quelque sorte cerné le général et ses braves grenadiers, il lui dit :

— Rendez-vous, général; votre courage vous a emporté trop loin; vous êtes dans nos dernières lignes.

— Regardez un peu sur ces figures-là si elles veulent se rendre, reprit le général, et s'adressant à ses grenadiers : — Suivez-moi! leur dit-il.

Il partit alors au galop et traversa l'armée ennemie. La moitié des braves gens qui l'avaient suivi étaient tombés sous le feu des Russes.

L'Empereur fut heureux de voir le général, et en l'abordant, il lui dit : — Je croyais que vous aviez été fait prisonnier, général, et j'en avais éprouvé une peine très vive.

— Vous n'apprendrez jamais que ma mort, Sire, répondit l'intrépide commandant des grenadiers de la garde.

L'Empereur récompensa grandement, par des grades et des décorations, la cavalerie qui venait de gagner la bataille, car ce fut cette charge qui la décida. Je me rappelle, entre autres nominations, que les huit capitaines des grenadiers à cheval furent faits officiers de la Légion d'honneur, et que les huit maréchaux des logis chefs des chasseurs de la garde passèrent capitaines dans la ligne. Mais l'Empereur récompensa bien plus encore sa cavalerie par ces paroles mémorables :

« Depuis longtemps je savais que l'infanterie française était la première du monde; je me suis aperçu aujourd'hui que ma cavalerie n'avait pas d'égale. » PARQUIN.

(*Souvenirs et Campagnes*. Un vol. in-8°, Paris, 1892, Berger-Levrault et Cie, éditeurs.)

LX

APRÈS LA BATAILLE D'EYLAU

Le 9 au matin, l'ennemi s'était retiré. Le 6e corps devait occuper Eylau et les environs. Avant de rentrer nous allâmes voir le champ de bataille. Il était horrible et littéralement couvert de morts. Le célèbre tableau de Gros n'en peut donner qu'une bien faible idée. Il peint du moins avec une effrayante vérité l'effet de ces torrents de sang répandus sur la neige. Le maréchal Ney, que nous accompagnions, parcourut le terrain en silence; sa figure trahissait son émotion, et il finit par dire en se détournant de cet affreux spectacle : *Quel massacre, et sans résultat!*

Nous rentrâmes à Eylau, dont le lugubre aspect ne pouvait pas adoucir l'impression que nous avait causée le champ de bataille. Les maisons étaient remplies de blessés auxquels on ne pouvait donner aucun secours, les rues pleines de morts, les habitants en fuite; nous-mêmes n'ayant littéralement rien à manger. Il faisait un temps épouvantable, et ceux qui ont fait la guerre savent combien cette circonstance augmente la fatigue et rend plus sensibles les privations...

Depuis l'ouverture de la campagne l'armée se trouvait diminuée d'un tiers. Il s'en fallait que cette énorme diminution d'hommes fût réelle. On comptait soixante mille absents, presque tous maraudeurs. L'amour du pillage n'était pas leur seul motif; la nécessité de se procurer des vivres semblait les justifier. Jamais on n'a donné plus d'ordres que Napoléon pour assurer les subsistances de son armée; jamais il n'y en eut de plus mal exécutés. D'abord quelques-uns étaient inexécutables, et l'on reconnaissait déjà les illusions ou le charlatanisme de celui qui devait ordonner un jour *de protéger les paysans qui apporteraient des vivres au marché de Moscou.* Découvrir les denrées cachées, en faire venir de Varsovie, réparer les fours, les moulins, faire des distributions régulières, établir des magasins de réserve, tout cela est bien sur le papier; mais ceux qui ont fait cette campagne savent ce qui nous en revenait. On a donc eu tort de dire que l'armée avait le nécessaire et quelquefois davantage. Je puis assurer au contraire qu'avec des ordres si bien donnés en janvier, notre corps d'armée mourait de faim en mars. Napoléon en convenait lui-même quelquefois. *Nous sommes au milieu de la neige et de la boue,* écrivait-il son à frère Joseph, *sans vin, sans eau-de-vie, sans pain.* Mais fallait-il rassurer l'opinion publique qui s'inquiétait des souffrances de nos soldats : *J'ai de quoi nourrir l'armée pendant un an,* écrivait-il au ministre de la police; *il est absurde de penser qu'on peut manquer de blé, de vin, de pain et de viande en Pologne.* Cette viande se bornait souvent aux cochons de lait dont la chair malsaine causa des dysenteries dans l'armée et jusque dans notre état-major.

Les traînards, en dévastant le pays, privaient l'armée des ressources qu'elle aurait pu se procurer régulièrement. Ils augmentaient la fatigue des soldats restés sous les drapeaux et forcés de faire le même service avec un bien moins grand nombre d'hommes. Quelques-uns se demandaient si ce n'était pas une duperie, tandis qu'ils pouvaient vivre plus à l'aise, et l'exemple des maraudeurs devint contagieux. Le froid augmenta bientôt les souffrances, car à la fin de février, le thermomètre descendit à dix degrés. Le découragement et la

8 7 6 5 1 2 3 4

Fig. 42. — Bataille d'Eylau. Tableau de Gros. (Musée du Louvre.)

1. Napoléon. Lithuaniens agenouillés devant lui. — 2. Soult. — 3. Davout. — 4. Murat. — 5. Berthier. — 6. Bessières. — 7. Caulaincourt. — 8. Le baron Percy, chirurgien en chef de l'armée, dirige un aide-chirurgien qui panse un blessé lithuanien.

tristesse s'emparèrent surtout de la cavalerie, dont les chevaux se soutenaient à peine...

Le récit des derniers événements inquiéta Paris et la France presque autant que la nouvelle d'une défaite. La malveillance se plut à aggraver nos pertes, les souffrances de nos soldats, l'attitude encore menaçante des Russes. La correspondance de Napoléon avec ses ministres prouve qu'il attachait de l'importance à démentir ces nouvelles, souvent bien exagérées, et lui-même, dans la réfutation passait souvent la mesure. *Quand je ramènerai mon armée en France,* écrivait-il au ministre de la police, *on verra qu'il n'en manque pas beaucoup à l'appel.* C'était pousser loin l'exagération.

Si les nouvelles de l'armée causaient en France de l'inquiétude et de l'agitation, on peut se figurer quelle impression elles produisaient en Allemagne et surtout en Prusse. Pour bien le comprendre cependant, il faudrait se rendre compte des souffrances du pays, et, sans l'avoir vu de près, comme nous, il est difficile de s'en faire une idée. J'ai dit combien les habitants de la Souabe, supportaient impatiemment le long séjour de l'armée française. Et si nos exigences paraissaient intolérables à nos alliés en temps de paix, qu'était-ce donc pour nos ennemis et pendant la guerre? Le passage des troupes aurait seul suffi à épuiser le pays. Nous étions nourris à discrétion, et un régiment logé dans un village prenait tout pour lui, sans s'embarrasser de ceux qui devaient le suivre. Les nouveaux venus à leur tour ne se montraient pas moins difficiles, et ce passage de troupes se renouvelait tous les jours. Ce n'étaient-là pourtant que des malheurs nécessaires. Il faut y ajouter les maraudeurs qui parcouraient le pays, le mettant à contribution, exigeant de l'argent, du drap, des chevaux, des voitures, emprisonnant les habitants jusqu'à ce qu'on eût satisfait à leurs exigences; les uns employant la force ouverte, d'autres ayant l'effronterie de se dire chargés de faire rentrer les contributions, fabriquant à cet effet de faux ordres, s'affublant même d'épaulettes et de décorations. Ajoutez aussi les contributions véritables imposées par Napoléon, impositions ordinaires et extraordinaires. Joignez à tant de maux la souffrance morale, l'humiliation de voir la Prusse conquise, et conquise si précipitamment, vous comprendrez avec quelle impatience on attendait des nouvelles de l'armée, avec quel empressement on accueillait celles qui nous étaient défavorables. C'était surtout à Berlin que cette agitation se faisait sentir. La police parvenait à peine à empêcher la circulation des pamphlets contre Napoléon, des fausses nouvelles qu'on se plaisait à répandre. Le général Clarke, gouverneur de la Prusse, y employait tous ses soins. Ils se montrait également sévère envers les Français qui commettaient le moindre désordre. C'était un devoir de justice, d'humanité, et en même temps cet esprit de justice servait nos intérêts, en montrant aux habitants que nous ne voulions faire peser sur eux que les maux inévitables de la guerre.

(*Souvenirs militaires du duc de* FEZENSAC. — Paris, Baudoin, éditeur.)

LXI

LE MARÉCHAL LEFEBVRE AU SIÈGE DE DANTZIG

Les assiégés qui avaient mis leur plus grande espérance dans leurs travaux de contre-approche, n'avaient point renoncé à les reprendre. Le 13 avril, à 8 heures du matin, ils sortirent de la place en grand nombre, et s'avançant sous le feu de leur formidable artillerie, attaquèrent avec tant d'impétuosité, qu'au même moment les Saxons furent repoussés; et l'ennemi, après avoir renversé tous les obstacles, après avoir attaqué la seconde parallèle, gagnait déjà la tête des tranchées. Les troupes, fatiguées des combats de la nuit, étourdies par cette brusque attaque et inhabiles encore dans ce genre de défensive, pliaient sur tous les points. Le salut de l'armée entière allait peut-être se trouver compromis, lorsqu'averti du danger, le maréchal Lefebvre, suivi des généraux Michaud, Puthod et Dufour et de ses aides de camp, accourut au lieu du désordre. Un bataillon du 44e régiment de ligne venait également d'arriver. Aussitôt, n'écoutant que son courage, le maréchal quitte sa redingote et ses cordons, et comme s'il n'était encore qu'un officier de fortune, il s'élance dans les rangs du bataillon : « *Allons enfants*, s'écrie-t-il, *c'est aujourd'hui notre tour.* » Bientôt l'intrépide maréchal est dans la mêlée. Électrisés par tant d'héroïsme, tous les soldats veulent l'entourer, lui faire un rempart de leur corps. *Mes amis, leur crie-t-il, et moi aussi je veux combattre!* La charge bat, on court; et le

Fig. 43. — Le maréchal Lefebvre, duc de Dantzig. D'après le tableau de Lefèvre.

maréchal, à la tête de ses braves, se précipite dans la redoute, à travers une grêle de balles et de mitraille. Le choc est violent : les Prussiens et les Russes se défendent avec une espèce de rage; mais des Français, ayant leur général à leur tête, ont-ils jamais reculé devant l'ennemi? Une dernière charge à la baïonnette a décidé la victoire. L'ennemi épouvanté s'enfuit en désordre, laissant la terre jonchée de ses morts et de ses blessés.

(*Siège de Dantzig en* 1807, par NIBUATNIAS (Saint-Aubin), ancien militaire. — Paris, 1818, Plancher, éditeur.)

LXII

CHARGE DE MURAT A LA BATAILLE D'HEILSBERG

Il me fit le récit suivant :

A la journée meurtrière d'Heilsberg, le 12 juin, j'étais détaché d'ordonnance auprès du prince Murat. Tu le connais : c'est ce général en chef de toute notre cavalerie qui est toujours habillé en tambour-major, et qui fait le coup de sabre à l'ennemi comme un vrai hussard.

— Oui, lui dis-je, je l'ai devant les yeux.

— Eh bien, vers les deux heures de la journée, le prince Murat se porta du côté de l'Empereur, qui se trouvait à la division de grenadiers réunis sous les ordres du général Oudinot. L'Empereur et ce général étaient pied à terre sur un point assez élevé, d'où Sa Majesté braquait sa lunette sur l'ennemi. Le prince Murat arrivant mit pied à terre, me donna son cheval à tenir, salua l'Empereur, donna la main au général Oudinot et se mit à causer avec lui. Tout à coup un nuage de poussière s'éleva devant nous; l'Empereur, dirigeant aussitôt sa lunette sur ce point, dit au prince Murat :

— Qu'est-ce que cela, Monsieur?

— Rien, Sire.

— Rien! comment rien, Monsieur? Allez-y voir de plus près.

Et en prononçant ces paroles, l'Empereur appliqua un

vigoureux coup de cravache sur les fesses du cheval du prince Murat, qui était déjà en selle.

Le prince, sa suite et moi, nous partîmes au galop.

— Suis-moi avec ton régiment, dit le prince en passant près du colonel d'Éry, commandant le 5e hussards, et chargeons cette canaille-là.

En un instant, nous fûmes aux prises et nous donnions les premiers coups de sabre, lorsqu'un boulet abattit le cheval du prince. Je me jetai tout de suite à terre, et tenant la bride de mon cheval sous mon bras, j'aidai le prince à se retirer de dessous son cheval. Il y laissa la botte gauche dans l'étrier.

— Ce n'est rien ! ce n'est rien ! Un cheval, dit le prince.

J'offris le mien qui fut accepté, et le prince monta en selle, un pied chaussé et l'autre nu, comme dans la chanson. Ce n'était pas pour se tirer hors du danger que le prince avait pris mon cheval : c'était, au contraire, pour se précipiter de nouveau au milieu de l'ennemi aux cris de : En avant ! en avant ! vive l'Empereur ! et, dans un quart d'heure, trois à quatre mille Cosaques qui s'étaient rendus maîtres du centre de la plaine en furent balayés comme de la poussière.

PARQUIN.

(*Souvenirs et Campagnes*, 1 vol. in-8, Paris 1892. Berger-Levrault et Cie, éditeurs.)

LXIII

BATAILLE DE FRIEDLAND

(14 JUIN 1807.)

Les grenadiers du général Oudinot étaient en face de Friedland le matin du 14, à la pointe du jour. L'armée russe était de l'autre côté de la rivière; elle apprend qu'il n'y a devant elle que ce corps de grenadiers, et conçoit le projet d'aller à lui et de l'attaquer avec toute la supériorité qu'elle était en mesure de lui opposer, ne se doutant pas qu'il serait soutenu aussi promptement. Effectivement elle passe le pont et attaque avec furie le maréchal Lannes; il avait les divisions d'Oudinot et de Verdier. Nous étions dans la saison des grands jours, qui, sous cette latitude là, n'ont presque pas de nuit.

L'Empereur est presque aussitôt averti; il part de Preuss-Eylau, pressant la marche de la garde à pied et à cheval, ainsi que celle du maréchal Ney, du maréchal Mortier et du corps de Bernadotte, que commandait le général Victor. Il ne tarda guère à arriver sur le champ de bataille, où il trouva le maréchal Lannes, qui venait de prendre une position à l'entrée des bois qui bordent la circonférence de la plaine autour de Friedland. Il avait soutenu, depuis la pointe du jour, avec une grande infériorité de forces, un combat qui avait déjà coûté passablement de monde.

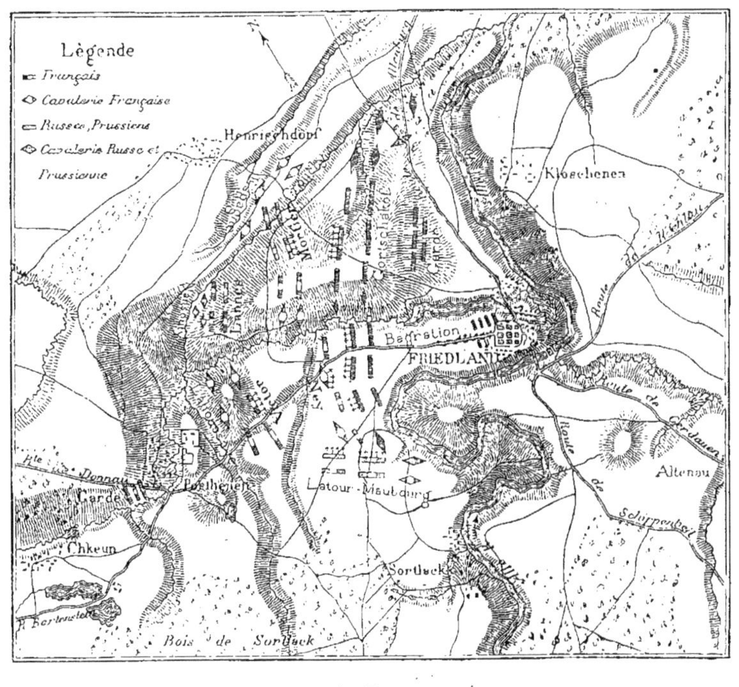

Fig. 44. — Plan de la bataille de Friedland.

L'Empereur, en arrivant, alla lui-même reconnaître l'armée russe; il ne croyait pas qu'elle resterait de ce côté-ci de Friedland; il ne concevait pas son but, puisqu'elle était inférieure en forces à ce qu'il pouvait lui opposer : la position lui paraissait si extraordinaire qu'il envoya en reconnaissance tous les officiers qui étaient autour de lui. Il me donna, à moi, l'ordre de m'en aller seul, le long du bois qui était à notre droite, chercher un point d'où l'on pût découvrir le pont de Friedland, et, après avoir bien observé si les Russes passaient sur notre rive ou bien s'ils repassaient sur la rive droite, de venir lui en rendre compte.

Je pus exécuter cet ordre avec facilité; je revins trouver l'Empereur et lui dire que non seulement les Russes ne se retiraient pas, mais qu'au contraire ils passaient tous sur notre rive et que, chaque demi-heure, on voyait leurs masses grossir sensiblement; qu'ainsi il fallait s'attendre à ce qu'ils seraient prêts dans une bonne heure. « Eh bien! moi, dit l'Empereur, je le suis; j'ai donc une heure sur eux et, puisqu'ils le veulent, je vais leur en donner; aussi bien c'est aujourd'hui l'anniversaire de Marengo; c'est un jour où la fortune est pour moi. » Il avait fait former ses colonnes dans les immenses bois à la lisière desquels s'était placé le maréchal Lannes; l'artillerie seule était sur les grands chemins et ne sortait pas non plus du bois; par bonheur pour nous, il y avait dans les bois trois belles et larges percées qui permettaient de mettre dans chacune une colonne d'infanterie et une de cavalerie ou d'artillerie.

Tout ce que l'Empereur attendait était arrivé; on laissa une demi-heure au soldat pour se reposer; on s'assura, par les plus minutieuses observations, si les armes étaient en bon état, si chaque soldat était amplement pourvu de munitions. Cela fini, l'Empereur, qui était sur le terrain, fit déboucher tout à la fois : ses instructions étaient données comme pour une manœuvre d'exercice; aussi on ne s'arrêta point. Il y avait un défilé à passer pour atteindre les Russes à la mousqueterie. L'Empereur avait prévu l'embarras et chaque colonne le traversa par un passage différent, de sorte qu'elles se formèrent toutes ensemble de l'autre côté. La majeure partie de la cavalerie était à notre gauche.

L'Empereur pressa l'attaque : le maréchal Ney occupait la droite sur le champ de bataille; à sa gauche, en échelons, était le corps du général Victor; à la gauche de celui-ci était

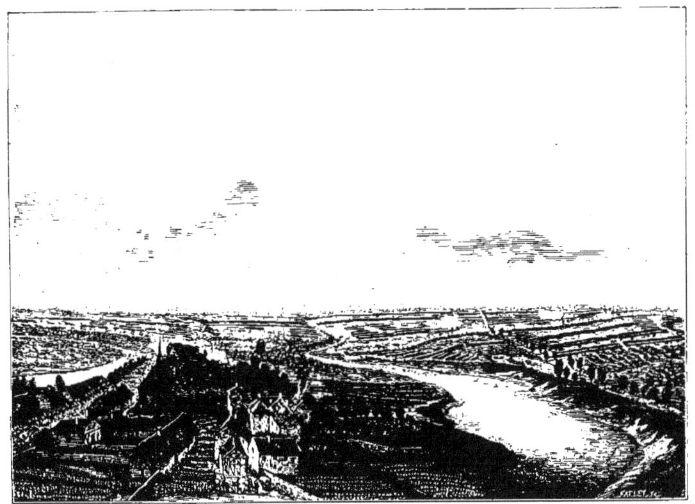

Fig. 45. — Bataille de Friedland (14 juin 1807, 7 heures du soir.)
D'après une aquarelle de Siméon Fort.

le maréchal Mortier, qui avait peu de monde, et à la gauche de Mortier était le maréchal Lannes.

En deuxième ligne, au centre, était la garde, et en deuxième ligne à sa gauche était la brigade de fusiliers, dont l'Empereur me fit reprendre le commandement pour cette action. Lors du commencement de l'attaque, l'armée était généralement en échelons, la droite en tête, refusant légèrement sa gauche.

Le maréchal Ney commença et s'engagea très vivement;

ses troupes s'emportèrent et voulurent, d'un premier élan, insulter jusqu'au pont de Friedland. La division qui l'avait entrepris fut si vertement ramenée qu'elle aurait entraîné infailliblement le reste de ce corps d'armée, si la première division du corps de Victor, commandée par le général Dupont, n'eût fait fort à propos, sans l'ordre de son maréchal, un changement de direction à droite et n'eût chargé rudement tout ce qui poursuivait le maréchal Ney.

J'ai entendu l'Empereur louer d'une manière toute particulière ce mouvement du général Dupont et dire hautement qu'il avait beaucoup avancé la bataille. Le maréchal Ney arrêta ses troupes, les reforma et attaqua de nouveau, si rapidement que l'on s'aperçut à peine de son accident.

Le mouvement que venait de faire le général Dupont avait allumé le feu d'un bout à l'autre de la ligne et c'est à cette bataille, comme à celle d'Eylau, que l'on vit encore se déployer une artillerie effroyable; le corps de Bernadotte, entre autres, que commandait Victor, avait réuni quarante-huit pièces de canon dans la même batterie; c'est avec cela qu'il reçut l'attaque de la colonne russe qui venait à lui. Le général en chef russe vit bientôt qu'il avait fait une faute; qu'il trouvait des forces considérables où il ne croyait rencontrer qu'une division; il aurait voulu être encore de l'autre côté de la rivière; mais il ne pouvait entreprendre d'y repasser sans s'exposer à perdre son armée : le gant était jeté, il aima mieux le ramasser de bonne grâce. Nous étions déjà si près de lui, qu'il n'eut que le temps de se former en beaucoup de carrés qui se flanquaient réciproquement; et une fois dans cette position, qui le privait d'une grande partie de son feu, il attendit une destruction devenue inévitable. Ses masses étaient amoncelées en avant de Friedland; acculées à la ville, elles formaient le centre d'un demi-cercle dont nous occupions presque toute la circonférence; chaque coup de nos canons portait et démolissait les carrés russes l'un après l'autre. Vers six heures du soir, l'Empereur les fit aborder à la mousqueterie, ce fut leur coup de grâce : leurs masses furent tellement décomposées que l'on ne remarquait plus d'ordre dans leurs dispositions, et, par suite d'un instinct naturel à l'homme, tous ceux qui faisaient partie de ces débris cherchèrent leur salut en fuyant vers le pont. Ils furent obligés d'y renoncer parce que l'artillerie de notre centre, qui tirait dans cette direction, en faisait un carnage affreux. Ils se jetèrent alors pêle-mêle dans la rivière avant de s'être assurés s'il y avait un gué : beaucoup s'y noyèrent; mais d'autres trouvèrent un gué en face de notre gauche; dès lors rien ne put retenir le reste, qui s'enfuit vers ce point, sans ordre et semblable à un troupeau de moutons.

Les Russes avaient à leur droite vingt-deux escadrons de cavalerie, qui protégeaient cette retraite; nous en avions plus de quarante, par lesquels nous aurions dû les faire charger; mais, par une fatalité sans exemple, les quarante escadrons ne reçurent aucun ordre et ne montèrent même pas à cheval; ils restèrent pendant toute la bataille, pied à terre, sur un vaste terrain, en arrière de notre gauche. En voyant cela, j'ai regretté sincèrement le grand-duc de Berg : s'il eût été là, il n'eût pas manqué d'employer ces quarante escadrons, et certes pas un Russe n'échappait.

La nuit était close, et le feu éteint; notre armée coucha dans la position où elle avait combattu. L'Empereur passa aussi cette nuit au bivouac, et le lendemain à la pointe du jour, il était à cheval, parcourant les lignes de ses troupes, dont les soldats dormaient encore et étaient fort fatigués. Il défendit qu'on les éveillât pour lui rendre des honneurs, ainsi que cela était d'usage; il passa ensuite sur le champ de bataille des Russes : c'était un spectacle hideux à voir; on suivait l'ordre des carrés russes par la ligne des monceaux de leurs cadavres; on jugeait de la position de leur artillerie par les chevaux morts.

On prit à Friedland beaucoup d'artillerie, environ quinze ou vingt mille blessés et quatre ou cinq mille prisonniers.

(*Mémoires de* SAVARY, *duc de Rovigo.*)

LXIV

LE CHAMP DE BATAILLE DE FRIEDLAND

La bataille avait duré vingt-deux heures puisqu'elle avait commencé à la pointe du jour. Quel carnage on eut le temps de faire! Toutefois notre perte fut incomparablement moins forte que celle de l'ennemi, qui laissa 18000 hommes sur le champ de bataille, tandis que nous n'eûmes que 2000 morts.

Nous couchâmes ou plutôt nous sommeillâmes un instant sur le terrain où nous avions combattu. Curieux de voir la ligne qu'avaient tenue les Russes, je la parcourus à deux heures du matin, le 15, et je vis l'horrible dégât que notre artillerie et nos feux de bataillon avaient causé dans les masses qu'on nous opposait. Ici, c'était un carré démoli sur toutes ses faces et rempli de membres épars et particulièrement de têtes; là, c'était une masse qu'avaient sillonnée dans tous les sens les boulets et les obus. Les monceaux de cadavres qui en marquaient la place faisaient présumer que ce qui avait survécu n'était pas considérable. Ailleurs, on voyait deux immenses lignes qui s'étaient abordées à la baïonnette et qui, après un long acharnement et les plus terribles coups, s'étaient retirées, épuisées par les pertes qu'elles venaient de faire et dont la preuve était sous nos yeux. Mais ce qui m'étonna davantage, ce fut le massacre que le 15e de ligne avait fait de deux régiments de grenadiers russes qui s'étaient précipités sur lui, le sabre à la main et le fusil en bandoulière. Les deux lignes que les combattants formaient étaient ici

Un général russe tué dans la batterie. Ney. Napoléon. Nansouty. Oudinot.

Fig. 46. — Sur le champ de bataille de Friedland. Peint par Horace Vernet.

confondues; les Français et les Russes étaient pêle-mêle, noyés dans le sang qui avait ruisselé plus là que partout ailleurs. Plusieurs victimes avaient encore les armes dans les profondes blessures qu'elles avaient reçues; à la droite surtout du 15e, dix ou douze officiers, qui avaient été probablement les premiers assaillis, restaient noirs et couverts de mille blessures sur leur place de bataille. Aucun d'eux n'avait fait un pas en arrière. On admirait et l'on respectait de si intrépides soldats.

J'avais sur moi, en faisant cette tournée, une bouteille d'eau-de-vie pendue à mon côté. Je la vidai en donnant à boire à plusieurs blessés qu'on n'avait pas encore relevés pour les porter à l'ambulance. Un Russe, entre autres, à qui un boulet avait fracassé la jambe, s'était traîné jusque dans le trou d'un obus, où il avait passé la nuit. Il souffrait sans doute beaucoup du coup qu'il avait reçu, mais il semblait être encore plus sensible à la fraîcheur de la matinée. Pour le ranimer, je lui offris une goutte d'eau-de-vie qu'il accepta avec beaucoup de reconnaissance. Il prit ensuite un sabre nu qui était à côté de lui et détacha entièrement sa jambe, en coupant les morceaux de chair qui la tenaient encore au genou. Témoin de cette courageuse opération, un lieutenant de mon régiment, nommé Gélabert, qui m'accompagnait, manqua de se trouver mal et eut recours à ma bouteille pour se réconforter. Il est vrai qu'il ne fallait rien moins que le spectacle d'une si affreuse boucherie pour résister au pénible aspect qu'offrait ce pauvre malheureux.

(*Mémoires militaires du général* DELLARD. — Paris, Librairie Illustrée, Montgredien et Cie.)

LXV

MÉSAVENTURE ARRIVÉE AU GÉNÉRAL BLUCHER

Le général Blücher, déjà célèbre, s'avisa de venir faire le rodomont jusque près de moi dans la ferme de Neuhausen; cette ferme était située à la gauche de ma ligne. Un jour que je parcourais les environs, je m'aperçus de quelques allées et venues extraordinaires dans cette ferme. Un hussard noir prussien était là en vedette. Aussitôt je fondis sur lui, et l'ayant sabré, je le fis prisonnier. Le pauvre diable m'apprit ce que je voulais savoir : que son général (Blücher) s'était établi dans cette belle maison et qu'il était gardé par une nombreuse escorte.

Je fis conduire mon prisonnier à Liebstadt et prenant huit hommes bien montés et bien armés, je me rendis à Preuss-Holland, ville éloignée de trois lieues de la ferme. Avant de partir, j'avais donné les ordres nécessaires pour faire trouver le lendemain trois cents chevaux à quelque distance dans un endroit désigné par moi.

En arrivant à Preuss-Holland, je commençai, pour cacher mes projets, par frapper une réquisition pour six mille chevaux, en déclarant qu'il me la fallait dans vingt-quatre heures, sans quoi j'emmènerais en otage les habitants de la ville. Ma réquisition ne fut pas plutôt dénoncée aux magistrats, que l'un de mes brigadiers, que j'avais laissé à la porte du faubourg pour observer, vint m'annoncer qu'il venait de voir partir un cavalier courant à toute bride et se dirigeant du côté de la ferme de Neuhausen; je jugeai qu'il allait avertir le général Blücher; c'était ce que je désirais. Sans balancer, j'envoie chercher un guide à cheval, parfaitement monté, afin de me conduire au village de Brenheim, à une lieue de là. Je pars, avec mes huit hommes, mais, au lieu d'aller au village que j'avais nommé, je change de chemin et me rends au galop à quelque distance de la ferme, précisément à l'endroit indiqué la veille pour mon embuscade. J'y trouve mes trois cents cavaliers et j'investis la ferme de toutes parts.

Le général, ainsi que je l'avais prévu, avait été la dupe du piège que je lui avais tendu. On venait de l'instruire que le commandant de l'artillerie française avair frappé une réquisition et qu'on allait la diriger sur Brenheim. Il crut faire un coup de maître en donnant ordre à tout son monde de se porter de ce côté pour saisir les réquisiteurs et la réquisition, tandis qu'il ne fit qu'une lourde bévue, puisqu'il éloigna de lui ceux qui auraient pu le défendre et me donna la facilité d'exécuter mon coup de main, et de le faire prisonnier ainsi que ses deux fils et toute sa suite. Cela dut le convaincre qu'un bon chef doit se mettre à la tête des mouvements qu'il ordonne. J'emmenai donc à mon quartier M. le général Blücher, très capot de s'être ainsi laissé prendre, lui qui passait pour un vieux renard.

(*Mémoires militaires du colonel* SÉRUZIER.)

LXVI

ANECDOTES SUR LE GÉNÉRAL LASALLE

Le général Lasalle, qui commandait notre division, avait son quartier général à Elbing. Ce général qui aimait la table autant que le champ de bataille, avait imaginé une manière fort comique de faire ses invitations à dîner aux officiers de sa division qui se rendaient des cantonnements à Elbing.

Le valet de chambre du général, une heure avant dîner, attachait au balcon du logement du général un bâton sur lequel il posait une serviette déployée; cette serviette restait au balcon tant que les vingt couverts que le général avait à sa table ne se trouvaient pas occupés tous. Les officiers de sa division, quand ils voyaient l'enseigne flotter, pouvaient monter faire leur visite au général, et ils étaient sûrs d'être retenus par lui à dîner; mais si la serviette ne flottait plus, il était inutile de monter pour le dîner, la table était au grand complet.

C'est ce même général Lasalle qui fit une réponse fort drôle à l'Empereur lorsque Sa Majesté passa, le 5 juillet, la revue de toute la cavalerie qui ne s'élevait pas à moins de cinquante-sept mille hommes. L'Empereur, dans cette revue, avait été très généreux pour les avancements et les décorations donnés dans la division du général Lasalle; il l'avait nommé lui-même comte de l'empire, lui avait donné une forte dotation, et fait grand-officier de la Légion d'honneur. Le général, tout en remerciant l'Empereur, ne parut pas être satisfait.

— Qu'avez-vous donc? lui dit l'Empereur, vous ne paraissez pas content?

— Je suis heureux de vos bontés, Sire; mais je ne suis pas encore satisfait. J'espérais que Votre Majesté aurait jeté les yeux sur moi pour commander le premier régiment du monde; en un mot, j'espérais remplacer le lieutenant-général Dahlmann, colonel de vos guides, tué à Eylau.

L'Empereur répondit :

— Quand le général Lasalle ne boira plus, ne jurera plus, ne fumera plus, non seulement je le mettrai à la tête d'un régiment de cavalerie de ma garde, mais j'en ferai un de mes chambellans.

Le général Lasalle, qui ne voulut pas passer pour battu, s'inclina et dit à l'Empereur :

— Sire, puisque j'ai toutes les qualités d'un marin, je demande à Votre Majesté le commandement d'une frégate.

— Non pas, non pas; ce ne serait pas mon compte, reprit l'Empereur en riant : vous commanderez les vingt régiments de cavalerie en l'absence du prince Murat qui retourne dans son duché.

On verra plus tard que c'est dans cette position glorieuse que le général Lasalle fut atteint mortellement à Wagram.

PARQUIN.

(*Souvenirs et Campagnes*. Un vol. in-8°, Paris, 1892, Berger-Levrault et Cie, éditeurs.)

LXVII

ENTREVUE DE TILSITT

Le 25 juin, une entrevue eut lieu entre les deux empereurs et le roi de Prusse; il est curieux de voir comment on s'y est pris pour opérer le rapprochement des deux souverains, dont chacun croyait n'avoir rien à céder à l'autre en fait de préséance. Et d'abord, chacun d'eux ne devait faire que la moitié du chemin; c'était donc au milieu du fleuve qu'ils devaient se rencontrer. Sur des radeaux construits et assemblés en hâte par les soins des officiers et ouvriers de l'artillerie de la Garde, on éleva un pavillon en planches qu'on orna du mieux qu'on put, et auquel on fit deux entrées opposées, pour ménager les susceptibilités impériales qui, en tout pays, sont très chatouilleuses. Ce travail se fit en une nuit et, au matin, cet assemblage fut conduit au milieu du fleuve où on l'ancra. On avait en même temps nettoyé, disposé deux grands bateaux pour transporter les deux empereurs; je montai sur celui des deux qui était destiné à Alexandre et m'associai à l'officier de l'artillerie de la Garde qui fut chargé de le conduire à l'autre rive et de le remettre aux Russes, ce qui me procura le plaisir de la traversée du Niémen et de causer avec quelques officiers russes.

A midi, les deux puissants régulateurs des destinées européennes s'embarquèrent et partirent simultanément de leurs rives pour aborder le radeau qui les attendait. Ils y descendirent en même temps et entrèrent dans le pavillon, chacun par l'entrée qui était du côté de son bord; le roi de Prusse suivait l'empereur Alexandre. On raconte que les deux souverains

Fig. 47. — Entrevue de Napoléon Ier et de l'empereur Alexandre, à Tilsitt.
Lithographie de Levilly, d'après le tableau de Gautherot.

s'embrassèrent avec une sorte d'abandon et de cordialité. La foule était grande sur les deux rives; c'était un spectacle aussi imposant qu'intéressant et neuf; puis il s'agissait de si grandes destinées! Après sept quarts d'heure de tête à tête, les monarques se séparèrent bons amis, après être convenus qu'ils auraient une nouvelle entrevue le lendemain, mais dans Tilsitt même.

Effectivement, le 26, Alexandre et le roi de Prusse passèrent à notre rive. Des chevaux des écuries de Napoléon les attendaient; ils les montèrent et allaient entrer en ville, quand l'Empereur qui savait être galant dans l'occasion et qui était monté à cheval de son côté pour aller au-devant d'eux, les rencontra. Les deux cortèges s'arrêtèrent, et, après échange de courtoisies, continuèrent à marcher confondus. Napoléon et Alexandre étaient en avant, Alexandre à la droite. Le roi de Prusse était à gauche, mais sur un alignement d'un pas plus en arrière, l'air humble et embarrassé, comme quelqu'un qui a le sentiment de son infériorité. Quelle réunion magnifique que celle de tant de souverains, de princes, de généraux, naguère ennemis acharnés, aujourd'hui sinon amis, du moins prêts à le devenir et, en attendant, remplis d'égards, de bons procédés et d'urbanité les uns pour les autres, et ayant les dehors de la bonne harmonie! Que l'Empereur alors était grand! qu'il devait être fier et heureux! Pour moi, je n'oublierai jamais l'impression profonde que j'éprouvai, en voyant passer sous mes fenêtres un cortège si nouveau, si parlant, si plein de grandes et terribles leçons, et je dirai même, qu'au milieu de l'ivresse qu'excitaient en moi toutes les idées de gloire nationale résumées dans ce tableau vivant, je ne pus voir le roi de Prusse sans éprouver un sentiment de peine; il me semblait que je ressentais moi-même l'humiliation dont il était si durement oppressé.

(*Mémoires militaires du général* BOULART. — Paris, Librairie Illustrée, Montgredien et Cie.)

LXVIII

REPAS OFFERT A LA GARDE RUSSE

On donna l'ordre de se préparer pour donner un repas à la garde russe, et de faire des tentes très longues et très larges, avec toutes les ouvertures sur la même ligne, et des plantations de beaux sapins. La moitié partit avec des officiers pour en chercher, et l'autre moitié fit les tentes. On donna huit jours et huit lieues de pays en arrière pour se procurer des vivres. On partit en bon ordre; et, le même jour, les provisions étaient chargées. Le lendemain on arrivait au camp avec plus de cinquante voitures chargées et les paysans pour les conduire; ils se prêtèrent de bonne grâce à cette réquisition et ils furent renvoyés tous contents. Ils croyaient bien que les voitures traînées par des bœufs resteraient au camp, mais elles furent congédiées de suite, et ils sautaient de joie.

Le 30 juin 1807, notre repas était sur table à midi; on ne peut pas voir des tables mieux décorées, avec des surtouts en gazon garnis de fleurs. Au fond de chaque tente, deux étoiles et les noms des deux grands hommes tracés en fleurs, avec les drapeaux français et russes.

Nous partîmes en corps pour aller au-devant de cette belle garde qui arrivait par compagnie; nous prîmes chacun notre géant par-dessus le bras, et comme ils n'étaient pas aussi nombreux que nous, nous en avions un pour deux. Ils étaient si grands que nous pouvions leur servir de béquilles. Moi, qui étais le plus petit, j'en tenais un seulement; j'étais obligé de regarder en l'air pour lui voir la figure; j'avais l'air d'être son petit garçon. Ils furent confus de nous voir dans une tenue si brillante : il fallait voir nos cuisiniers bien poudrés, en tabliers blancs pour servir; on peut dire que rien n'y manquait.

Nous plaçâmes nos convives à table, entre nous, et le dîner fut bien servi. Voilà la gaieté qui se fait parmi tout le monde!... Ces hommes affamés ne purent se contenir; ils ne connaissaient pas la réserve que l'on doit observer à table. On leur servit à boire de l'eau-de-vie; c'était la boisson du repas, et, avant de la leur présenter, il fallait en boire, et leur présenter le gobelet en fer-blanc qui contenait un quart de litre, son contenu disparaissait aussitôt; ils avalaient les morceaux de viande gros comme un œuf à chaque bouchée. Ils se trouvèrent bientôt gênés ; nous leur fîmes signe de se déboutonner en en faisant autant. Les voilà qui se mettent à leur aise; ils étaient serrés dans leur uniforme par des chiffons pour se faire une poitrine large; c'était dégoûtant à voir tomber ces chiffons.

Il nous arrive deux aides de camp, un de notre Empereur et un de l'empereur de Russie pour nous prévenir de ne pas bouger, que nous allions recevoir leur visite. Les voilà qui arrivent; du signe de la main notre Empereur dit que personne ne bouge; ils firent le tour de la table et l'empereur de Russie nous dit : « Grenadiers, c'est digne de vous, ce que vous avez fait. »

Après leur départ, nos Russes, qui étaient à leur aise, recommencèrent à manger de plus belle. Nous voilà à les pousser en viande et en boisson, et comme ils ne peuvent plus manger tant de rôtis servis sur la table, que font-ils? Ils mettent leurs doigts dans leurs bouches, rendent leurs dîners en tas entre leurs jambes, et recommencent comme de plus belle. C'était dégoûtant à voir de pareilles orgies; ils firent ainsi trois cuvées dans leur dîner. Nous reconduisîmes le soir ceux que nous pûmes emmener; une partie resta dans ses vomissements sous les tables.

Un de nos farceurs voulut se déguiser en Russe, et fit quitter à un d'eux l'uniforme: ils échangèrent et partirent bras dessus bras dessous. Arrivés dans la belle rue de Tilsitt, notre farceur quitte le bras de son Russe (habillé en Français), et va pour épancher de l'eau. Aussitôt fini, il court pour rejoindre et rencontre un sergent russe, auquel il ne fait pas de salut, et qui lui applique deux coups de canne sur les épaules. Se voyant frappé, il oublie son déguisement, saute sur le sergent, le terrasse; il l'aurait tué, si on l'avait laissé faire, sous le balcon des deux empereurs qui regardaient la troupe joyeuse. Cette scène les fit bien rire; le sergent russe resta sur place et tout le monde fut content, surtout les soldats russes.

(*Les cahiers du capitaine* COIGNET, publiés par LORÉDAN LARCHEY. — Hachette et Cie, éditeurs.)

TABLE DES GRAVURES

TABLE DES MATIÈRES

CAMPAGNE DE 1800

FIN DE L'EXPÉDITION D'ÉGYPTE

GUERRE A SAINT-DOMINGUE ET AUX ANTILLES

LA LÉGION D'HONNEUR. — LE CAMP DE BOULOGNE

CAMPAGNE DE 1805

CAMPAGNE DE 1806

CAMPAGNE DE POLOGNE (1806-1807)

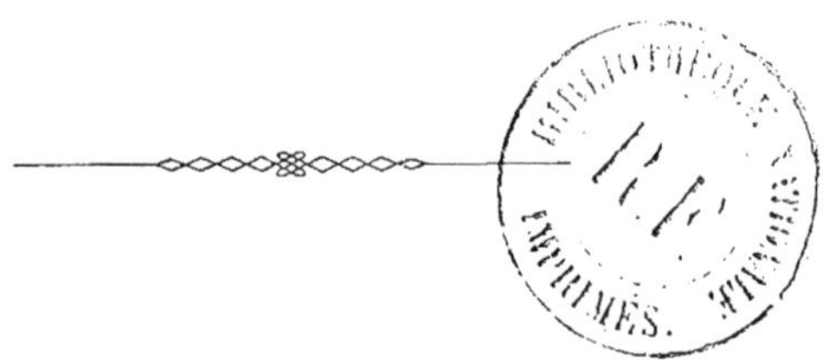

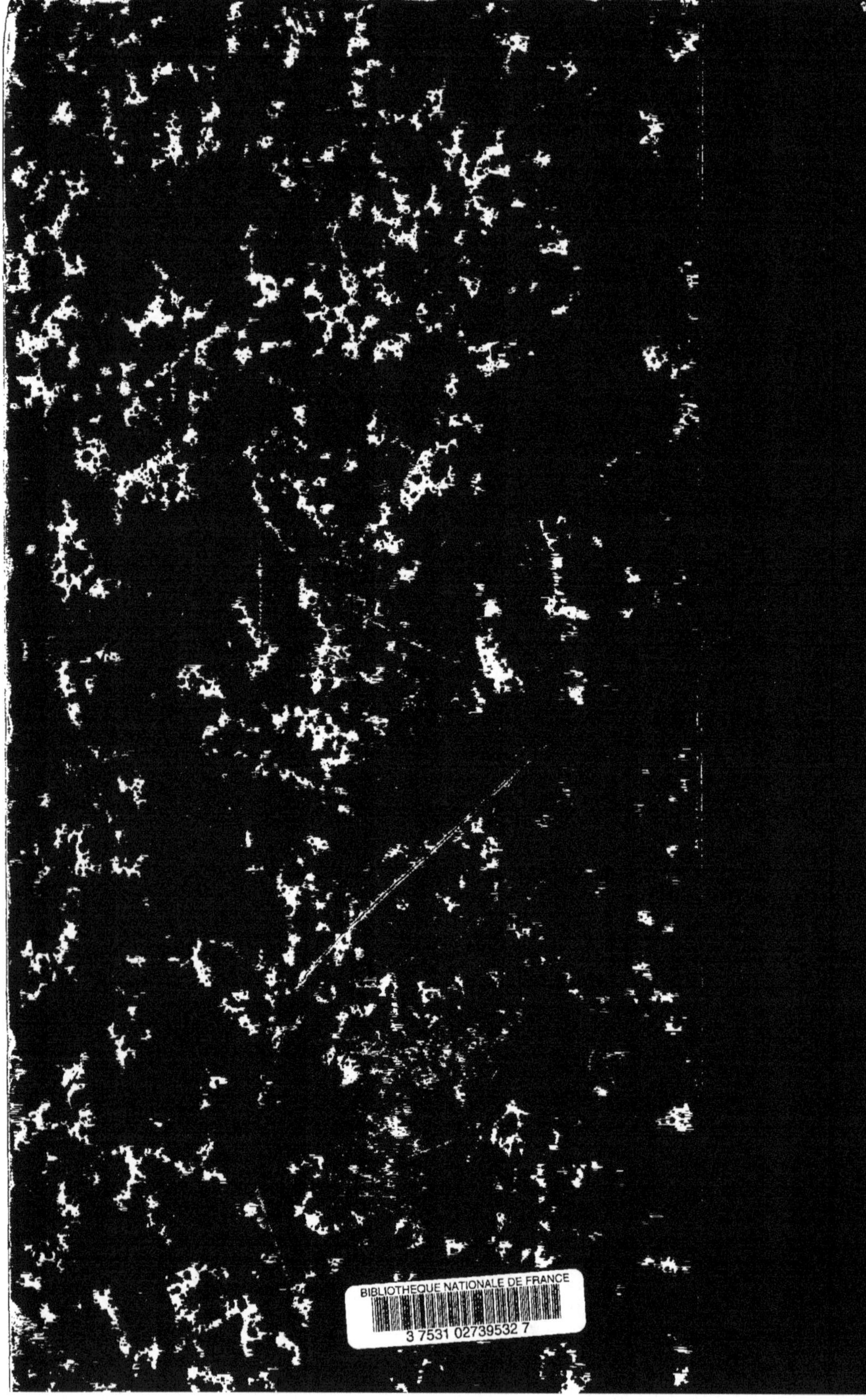

www.ingramcontent.com/pod-product-compliance
Ingram Content Group UK Ltd.
Pitfield, Milton Keynes, MK11 3LW, UK
UKHW020437200726
13857UKWH00002B/457